ていうか、やっぱり日本語だよね。

会話に潜む日本人の気持ち

泉子・K・メイナード〈著〉

大修館書店

まえがき

私たちは、怒りや悔しさなど、日々いろいろな気持ちを抱きながら暮らしています。そしてそれを幾つかの方法で表現しています。たとえば、顔の表情や声色、また体全体で表す態度なども その一つの方法です。ほかにも「チョーむかつく」とか「悔しい」などと、直接、気持ちを表すことばを使って表現することもあります。しかし、本書で考えたいのは、これらの方法ではありません。それは、「なに」「なに言ってんだ、おまえ」のように、文字通りに解釈すれば質問しているだけの発言なのに、なぜか怒りなどの感情を伝えている表現方法です。言語には、このように間接的ではあっても、強いインパクトをもって相手に気持ちを伝える表現がいろいろあるのです。それは、「なに！」のように単語で怒りを表すこともあれば、「勝ちは勝ち！」というように、文を使って話し手の強い気持ちを表現することもあります。

このような感情表現は、「嬉しい」や「辛い」のような直接感情を描写することばよりも、もっと深く強い気持ちを伝える力があるのですが、このことは残念ながらあまり知られてはいません。

その理由の一つは、言語を研究する言語学という学問が、西洋の学問の伝統を引き継いでいて、どちらかというと論理的で抽象的な議論を繰り返してきているからです。人の気持ちは、そういったアプローチの仕方では分析しにくいので、これまで無視されがちでした。もっとも、伝統的な日本の国語学では、言語に表現される感情を「心の声」という表現で捉えたこともありました。しかし今日まで感情表現の研究は限られたもので、本書で紹介するような表現についての具体的な考察はなされませんでした。

私は言語や日本語を長年研究してきましたが、日本語と感情の関係も研究テーマの一つでした。本書では、研究の枠組みや詳細な分析については触れませんが、底流にはこれまでの研究成果が流れています。

私と日本語とのつきあいは、日本語が母語であるというだけでなく、日本語が観察や分析の対象でもあったということです。ただ、アメリカでの生活が長いこともあり、ある意味では日本語が私の中で外国語化してきているとも言えます。

今、この「まえがき」を書いているのは、ニュージャージー州の中央にある小さな町の我が家です。大きな木々に囲まれた典型的なアメリカ東部の古い町で、日本人はほとんど住んでいません。私が日本語と触れるのは、ニューヨークから放送される日本語テレビ番組、購入した日本の映画、ドラマ、テレビ番組などのＤＶＤ、週刊誌、諸々の書物、インターネット情報などによってです。ですから、幸か不幸か、常に外から日本語を見る態度を強いられます。

そういった限られた日本語の観察でも、日本語が常に大きく変化していることを感じます。特に最近はよりカジュアルな表現が好まれ、感情が豊かに表現されるようになってきたように思います。文章の中に、話しことばが侵入していることも多く見受けられ、いかにも相手に話しかけるような、温もりのある日本語が広く使われるようになっています。

それは、国内的にも国外的にも認められる大きなうねりの中の現象でもあります。国内的には、ただ、がむしゃらに働いていた時代が終わり、情緒や感情をより強く求める社会になったということがあります。癒しやエコを意識した人間的な生き方は、より多くの感情表現を必要としますが、そのような情のある日本語に支えられることで、人間生活がより豊かになります。

国外的なうねりには、日本のポピュラー・カルチャーの海外人気があります。従来、日本は車やテレビといったハードを中心に海外に輸出してきましたが、現在はテレビゲーム、アニメ、まんがなどのソフトも重要な輸出品となっています。そのソフトが世界の若者に受け入れられているのは、論理でものごとを片づけるのではなく、人間の絆、精神、心といった形のない感情的な側面が重視されてきているからだと思います。

その感情や気持ちを表現する日本語のしくみを考えてみることは、私たち日本人にとって欠かせないことのように思います。自分の言語や文化をよりよく把握することで、自分自身を深く理解し、同時に、世界に向けて日本をアピールすることができるようになるはずです。感情や対人関係を重視したコミュニケーションを支える日本語を考えてみることは、決して無駄とは思えません。

私は長年、アメリカの若者たちに日本語を教えてきました。彼らから発せられる日本語や日本の文化への熱い視線に驚かされることも多く、それにどのように答えたらいいのか、試行錯誤を繰り返しています。本書は、間接的ですが、彼らのそのような問い掛けへの答えでもあります。

本書は、「なに！」や「勝ちは勝ち！」といったタイプの感情表現をトピックとし、それらが実際に使われる会話場面を切り取り、その説明を通して日本語の中にある気持ちを伝えるメカニズムについての理解を深めようというものです。日常の何気ないやりとりの中に満ちている「ていうか」、「やっぱり」、「ね」や「よ」、「みたいな」、スタイルの選択、あいづち、うなずき、などに焦点を当てながら、会話の中に潜む日本人の気持ちを探っていきます。

本書の執筆にあたり、大修館書店の米山順一氏に大変お世話になりました。ともすればわかりにくい学術書スタイルに陥りがちな私に、読みやすい日本語を書く特訓をしてくださいました。また、日高美南子氏には、本にする上でのデザインやまんがイラストのアイディアをいただきました。お二人に厚くお礼申し上げます。

本書を通して、日本語がどういう言語か、私たちは日本語で何を伝えようとしているのか、もっと根本的には、私たちは日本語で何をしているのか、日本語を駆使しながらどんな生き方をしているのか、について考えていただければ幸いです。

二〇〇九年八月

ニュージャージー州ハイランド・パークにて

泉子・K・メイナード

目次

イラスト＝タカセマサヒロ

ていうか、やっぱり日本語だよね。

——会話に潜む日本人の気持ち

Ⅰ　気持ちを伝えることば

1「なに」
――不満と甘えを表現する

ことばには普通、意味があります。たとえば、「机」ということばは机を指し、目の前に机がなくとも机のイメージを頭に浮かべることもできます。しかし、中には指すものが何もないことばもあります。具体的な意味と直接つながらないことばです。たとえば私たちが頻繁に使う「ね」や「よ」などは、それ自体では何のイメージも湧かないことばです。「なに」ということばも同じです。具体的には何も指し示すものがないからですが、そのような情報伝達としてはあまり役に立たないことばこそ、逆に感情を伝えるための道具として、その本領を発揮することが多いのです。

◉「なに」を連発する

〈1〉恋人たちの会話

沙希　なんかあった？
悠太　ううん、別になにも。
沙希　なんなの？
悠太　だから、なんでもないんだ。
沙希　なんでもないって。じゃ、なんで、そんな顔してんのよ。
悠太　なんだよ、うるさいなあ。

「なに」や「なん」が頻繁に使われているこの会話で、沙希と悠太はどんなことを伝え合っているのでしょうか。実際には、このような「なに」には具体的な意味はなく、二人とも情報を伝え合っているわけではありません。むしろことばを交わすこと自体に意味があるのです。表面的には情報のやり取りがなくとも、恋人同士である二人が会話していることが大切なのであって、当事者は心の奥に潜む気持ちをやり取りしているのです。

この会話では、沙希の方が悠太のことを心配している、悠太は沙希の心配を少々うるさく感じながらも、内心は沙希に甘えている、というような心情が交わされています。二人は「なに」表現を頻繁に使うことで、情報のない、一見無意味な会話を通して、お互いの存在や気持ちを確かめ合っているのです。

◉「なに言ってんの」

〈2〉女友達の会話

知恵　で、彼、どんな様子だった？
沙希　だから、普通だったたって言ったでしょ。
知恵　えー、手編みのマフラーあげたのにー？　チューでもしてくれたんじゃないの？
沙希　なに言ってんの。やめてよ。
知恵　ホラ、赤くなってる。チューしたんだ。

ここで沙希が「言う」を二回使っていることに注目してください。会話とはそもそも「言う」ことなのですから、その中であえて「言う」ということばを使う必要はないはずです。にもかかわらず、二回も「言う」を使っているのには理由があります。

まず、「普通だったって言ったでしょ」という表現は、その中に「言う」を使うことで、もうすでに言ったことだと強調する役割を果たしています。

二回目の「なに言ってんの」は、自分の気持ちが知恵に伝わってしまうのを恐れて、相手のことばを非難しながら否定する表現です。そして同時に、知恵のひやかしをある程度受け入れているような微妙な心の揺れが込められています。

「なに言ってんの」は、「あなたが言ったことはどのようなことですか」のような意味ではなく、相手からの答えを期待してはいません。情報を求めるのではなく、相手の発言そのものを疑問視し非難する感情の表現だからです。

◉「なに、それ」

〈3〉親子の会話

息子　学校やめる。

母　なに、それ。

息子　全然楽しくないし。

母　楽しむために行くわけじゃないでしょ、学校って。

息子　なんだよ、それ。この間は学校生活は楽しければそれでいいって言ってたくせに。

「なに」は「なに、それ」という一種の決まり文句としてしばしば会話に登場します。この会話では、母も息子も、お互いの言動や態度について「なに、それ」を使うことで、驚き、批判、否定の気持ちを表現しています。

「なに、それ」と「なんだよ、それ」は、「それ」についての情報を求めているのではなく、相手の心に訴えかける感情的な表現です。本当に情報を求める「なに?それ」とはイントネーションが違い、その分、ふてくされた雰囲気が演出されています。

なに考えてんだヨ、
鈴つける前に
まずカツブシだろ

ポイント

「なに」表現は、直接指すものがないのですが、それだからこそ、そこには情報とは次元を異にした深い意味が込められています。私たちのコミュニケーションには、全く意味がない表現というようなものはありません。あえて情報を伝えなかったり、内容をぼかして伝えたりしても、その奥には感情的な意味が隠されているからです。

私たちは、こうした意味のないことばの向こうに感情を見出し、それを相手と共有したり、やり取りすることで、心の触れ合いを感じているのです。

「なに」は、相手の言動に不満があったり対抗心があったり、逆に甘えや親しさに満ちていたりする時に、大いにその効力を発揮する感情溢れることばです。実際「なに」表現の使用頻度から、ある程度、お互いがどのような気持ちでいるかを察知することができるくらいです。

2 「ていうか」
――躊躇感を伝える

私たちは会話の中で、何らかの前置きを置くことがあります。「えー」や「あー」などは、これから話し始めますということを知らせる前置きです。「あのさあ」や「でさあ」も同様に使われます。前置きは、その種類は異なるものの、話しことばだけでなく、書きことばにも使われます。

ここでは、「ていうか」(「というか」「てか」「ちゅか」などを含む)の使い方を考えてみます。もともと「ていうか」は、引用をマークする「～と言う」に疑問の「か」を付けた表現です。特に話しことばの文の最初と最後で、話す内容に関する話し手の気持ちを伝えるために使われます。

◉前置きの「ていうか」

〈4〉恋人たちの会話
沙希　めずらしいね、こんな時間に電話。
悠太　や、ちょっと眠れなくてさ。
沙希　うん。
悠太　ていうか、急に声が聞きたくなって。
沙希　うん。

話し始めに使う「ていうか」は、後に続く内容が本音に近いことを知らせるマーカーです。悠太は「ていうか」に続く部分で、「急に声が聞きたくなって」と本心を打ち明けています。このように「ていうか」を使う場合には、後続することばに注目してほしいという動機があります。

悠太が「ていうか」という前置きをしてから「急に声が聞きたくなって」と言うのは、もう恋の告白です。それをいきなり表現するには恥ずかしさや怖さがあるのですが、でもやはり告白したいのです。こんな場合、躊躇感を伝える「ていうか」を駆使することで、その微妙な心の揺れを表現することができます。

一般的に「ていうか」が前置きとして使われると、話し手がその後で本当の気持ちを言うというサインになりますから、その瞬間、話し手と聞き手の間に親密感や信頼感が高まります。また、「ていうか」は、話し手の躊躇感を伝えるのですが、それは同時に自分の傷つきやすさや弱さを伝えることにつながります。しかも、直後に結局は思っていることを主張したり断言するわけですから、「ていうか」を使い躊躇感を出すのは、ちょっと大袈裟に言うと、一種の偽装工作と言えるかもしれません。

特に話の内容に自信がない場合や、相手とは違った意見を言う場合に、前置きの「ていうか」のためらい効果が発揮されます。

◉「ていうか」を連発する

私たちは「ていうか」を繰り返して使うことで、話の内容を調節しながら、次第に本音に近付けていくことがあります。

〈5〉女友達の会話

知恵　わかってあげなよ、あいつの気持ち。
沙希　えっ？
知恵　だから、ことばにできない気持ちもあるよ。
沙希　……。
知恵　ていうか、ことばの向こうにある気持ち。
沙希　……。
知恵　てか、ほんとは、好きだっていうこと。
沙希　そうかなあ。わかんないよ、はっきり言ってくれなきゃ。

知恵は「ていうか」で前置きして、「ことばにできない気持ち」を「ことばの向こうにある気持ち」と言い換えています。そして、沈黙の後、「ほんとは、好きだっていうこと」と、より本音に近い内容を沙希に伝えます。この段階的なプロセスに「ていうか」「てか」が使われています。「ていうか」には、相手の注意を引きながら、話の内容を絞り込む効果が期待できます。

躊躇しながらもだんだん正直な気持ちを伝える「ていうか」は、相手にもその分覚悟して聞いてもらいたいという気持ちを伝えることになります。その時々の相手の反応を見ながら、話を進めても大丈夫なら続けるという、話の調節ができる便利な表現でもあります。

◉「ていうか」で会話をスムーズに

くだけた会話では、「ていうか」が、進行中のおしゃべりをスムーズに進める手段として使われることがあります。

〈6〉女友達の会話

沙希　ああ、もうすぐお昼だ。
知恵　ていうか、今日何にする？
沙希　基本的にはラーメンでいく？
知恵　うん、ていうかぁ、そうだなあ、ちょっといつもと違うものにしない？
沙希　じゃ、サンドイッチ系にする？
知恵　それもいいけど、ある意味パスタも食べたくない？

沙希　てか、またパスタ？先週食べなかったっけ？
知恵　そうだっけ。
沙希　てか、カレー系がいいかなあ。

知恵は「ていうか」と言うことで話す順番を手に入れ、「今日何にする？」と話を切り出します。この「ていうか」は、話す権利を確保すると同時に、その直後に話したいことを提案するその前触れとしての役割を担っています。二回目の「ていうかぁ」は、話の中途に挟み込まれ、時間稼ぎをするために使われています。

沙希は「てか」を使っていますが、知恵の発言に疑問を投げかけて、相手と違う意見を言うための前置きとしています。あたかも相手のことばを受け、それを踏まえたような印象を与えながら、自分の話を続けています。知恵がパスタはどうかと持ちかけてきたのを一応受けて、しかしそれに反対しています。そして二度目の「てか」で、カレーという新しい提案をします。

昼食に何を食べるかなかなか決められないのですが、二人とも「ていうか」のいろいろな機能をうまく利用しています。

ていうか、君が
好きっていうか
雄猫《オトコ》らしくない
っていうか

このように「ていうか」は、話題を提供する際にその前置きとして、また会話の間を埋める手段として使われます。つまり「ていうか」は、会話の流れをスムーズにするための道具なのです。

◉後置きの「〜ていうか」

「ていうか」は、文の最後に付け加えて使うこともあります。この後置きの「〜ていうか」は、話し手が自分の発言についてあまり自信がない時や、確信は持っていても相手にはっきり言うのをためらう際に使われます。話し手は、自分のことばに対するこのような微妙な気持ちを伝えることで、押しつけがましくなく表現することができます。

〈7〉男友達の会話
悠太　へえ、自転車の修理やってんだ。
康夫　ま、ほら、趣味と実益を兼ねるっていうか。あ、そうでもないか。
悠太　すごいね。直せるんだ、自転車。

康夫が「あ、そうでもないか」と付け加えていることによってもわかるのですが、「〜ていうか」で、話した内容に自信がないことを伝えます。そこに躊躇感が表現され、その結果、情報をよりソフトに提供しています。

ポイント

〈「ていうか」の原理〉「ていうか」がいろいろに使われるのは、それが引用表現であることに関係があります。相手の表現を受けて、あたかもそれを引用するような感じで「ていうか」と言うと、相手と話の内容を共有しているということが伝わります。それが、共有したふりをするだけだとしても、なんとなく、相手の立場を考慮に入れたような雰囲気を醸し出します。

このため、後に続く話が、対立意見であったり、非難や中傷であっても、相手を思いやる気持ちを装って、会話に参加することができるのです。引用しながら、しかも「か」で自信のなさをミックスした「ていうか」であればこそ、相手の気持ちを汲みながら話をする時に（それが単なる見せかけにすぎなくても）役立つのです。

若い人の中には、「ていうか」が口癖になっていて、ところかまわず使う人もいますが、確かなのは、「ていうか」を使う時は、発言に関した思い入れや微妙な気持ちの揺れを伝えたがっているということです。

3 「やっぱり」

——まわりを気にする

日本語には、話の内容に関して、どのような気持ちでいるのかを伝えることばがあります。「やっぱり」「どうせ」「さすが」「しょせん」「せめて」などです。ここでは、「やっぱり」がどのような感情や態度を示すのかを探ってみることにします。

◉「やっぱり」の前提となるもの

「やっぱり」(「やはり」「やっぱ」を含む)は、基本的には、社会的な常識を借りてきてそれを利用する表現です。「やっぱり」を使うことで、「やっぱり」に続く内容が、社会の通例に沿っていること、もしくは自分が思っていた通りであったり、何らかの前提と一致していることを伝えます。

〈8〉家族の会話

兄　やっぱ、だめだった。
母親　そう。やっぱり、去年優勝した高校が相手じゃね。
妹　お兄ちゃん、やっぱり負けちゃったんだ。

まず、兄は、努力したけど、やっぱり（社会の常識通り）だめだった、という気持ちを伝えています。母親も、てごわい相手だったから（社会の常識通り）無理だよね、という意味で「やっぱり」と言っています。そして妹は、「やっぱり」で、自分が思っていた通りだったという気持ちを伝えています。

ここで大切なのは、「やっぱり」の意味を理解するためには、前提となる何らかの情報が必要だということです。それは、いわゆる社会の常識といった漠然としたものが多いのですが、それを共有していることを強く思い出させる表現です。

「やっぱり」で気持ちが通じ合うのは、やはり（！）運命共同体として、一定の社会で生活しているからなのです。そして私たちの社会に「やっぱり」がある限り、まわりを気にしながら自分の気持ちを表現する癖は、抜けそうにありません。

◉「やっぱり」効果

皆さんは、このような「やっぱり」の基本的な意味を、逆に利用することはありませんか。前提となる情報がはっきりしていなくても、世間の常識から言ってそうだからと、自分の立場を有利に導くために「やっぱり」を使う場合です。

〈9〉職場の会話

部下　それは……三月一杯でこの問題を解決しろ、とおっしゃられましても。
上司　年度末で何とかなりませんか。向こうもそう期待してるわけだし。
部下　皆さんは、そう思われるかもしれませんが、やっぱりこれだけの規模のプロジェクトですからねえ、なかなか。やはり、三月末は、難しいと思いますが。

部下は上司の期待に沿えないその理由を、世間の常識から言っても当然だという気持ちを表明しながら、自分の立場を正当化しています。世間の風潮が本当にそうかどうかは怪しくても、それを勝手に借りてきて利用しているのです。

このように「やっぱり」を使うことで、その基本的な前提となる情報を呼び起こすだけでなく、自分の意見を社会の常識とすり替え、あたかも社会的な同意が得られたように装ったりすることが可能になります。

◉「やっぱり」を連発する

〈10〉男友達の会話

悠太　やっぱ、やめといた。
康夫　そう、やっぱり。
悠太　うん。
康夫　やっぱりねえ。
悠太　やっぱ、オレが行くのも変だし。
康夫　まあ、確かに。

やっぱり、これ
仕切るのは
オレ以外ない
だろうってさ
って、誰が
言ってんの？

悠太は、まず「やめといた」という表現を、いきなり出してくるのに抵抗があり、前置きとして「やっぱ」を使っています。このことばを使うことで、悠太は話のインパクトを調整し、急に自分の気持ちを持ち出して相手に強要しないように配慮しているのです。

康夫の方は、まず相手の気持ちに同調して「やっぱり」と言い、さらに「やっぱりねえ」と繰り返して、話の間を埋めながら、相手を思いやって会話を進めています。

「やっぱり」の中には、相手を説得するために社会的な状況や情報を利用するというより、むしろ心の触れ合いを確認し合いながら会話を進めるために使うものがあります。〈10〉の「やっぱり」はその例で、その場の心理状況や空気を読んで使われています。

◉いろいろな「やっぱり」

「やっぱり」は、後に続く話の内容が思っていた通りであったり、何らかの前提と一致することを伝えるのですが、実際には、その前提は一つとは限らず、むしろ幾つかの前提に関わっていたり、また話の場に敏感に反応しながら、同時に幾つかの機能を兼ねていたりする場合が多いのです。

〈11〉男友達の会話

悠太　同級会って、一種独特な雰囲気があるよね。
康夫　そりゃ、やっぱりね。昔の仲間だからさ。
悠太　やっぱり、子どもの頃の友達って、安心できるのかな。
健人　そうだよ、やっぱり。

ここで三回「やっぱり」が使われていますが、いずれの場合も、社会の常識に沿っていると同時に、自分の考えも同じだという気持ちも伝えています。そして、会話全体の流れから観察すると、間を埋めたり、前置きとしての機能も果たしています。三人が「やっぱり」を繰り返すことで、気心が知れた同級生同士であることを確認するような雰囲気が生まれてきます。

「やっぱり」は、いろいろな機能を同時に果たします。複数の前提の中で一番関連性が高いものを想定して相手に訴える場合もありますが、そんな時は相手がそれなりに理解してくれることを期待しています。同時に、相手にもその前提が通じるであろうと信じているという心情的なアピールも兼ねています。

私たちは「やっぱり」を使うことで、論理的な関係から会話の進行、さらに人間関係に及ぶ複数の効果を狙います。

ポイント

〈「やっぱり」の原理〉「やっぱり」は、社会通念やまわりの状況をも利用しながら話し手の気持ちを伝える手段です。私たちは「やっぱり」を繰り返しながら相手と共感し、そのあたたかい心の触れ合いを味わっているのです。

それにしても、「やっぱり」がこのように人間関係に敏感に反応して使われるのはなぜでしょうか。それはこのことばが、相手に同調的な立場を要請する力を持っているからです。話し手と聞き手が同じ視点からあるものを見て、その見え方も合わせて共有するように仕向けているからです。「やっぱり」を使うことで、相手とある知識を共有したい、あるいはしているという気持ちを伝えるわけです。はっきりした理由がなくても、「やっぱり」と言っておけば、なんだか気持ちが通じたように思えるのも、この潜在的な力によるのです。

4 「ね」と「よ」
——たった一文字で気持ちは違う

文の最後につけて感情を込める表現として「ね」「さ」「よ」「な」「ぞ」「ぜ」「わ」などがあります。何をどれくらい使うかは、話し手の性差、地域差、世代差などによって異なります。二〇代、三〇代の女性は、従来女性専用と考えられてきた「雨よ」「雨ね」「雨だわよ」といった使い方をせず、「雨だよ」「雨だね」を好むようです。

また、この種のことばの選択には、かなりの個人差が認められます。ふざけ気味の若者ことばでは、女性が「ぞ」や「ぜ」を使う例も見られます。女性の皆さんの中には、朝イチに「今日も一日頑張るぜィ」なんて言って伸びをする人はいませんか。

30

◉親しさを前提とする

「ね」や「よ」は、頻繁に使われる場合とほとんど使われない場合があります。たとえば、一般的にスピーチのようなかしこまった話しことばや書きことばではあまり使われません。ただし、話しことばの要素を含んだ文章や、個人的な手紙などにはよく使われます。これは、「ね」や「よ」を使うこと自体が親しさを前提とするからです。

一方、相手とは一定の距離を保ちたいという場合は、あえて使いません。「ね」や「よ」をところかまわず使う人に会うと、なれなれしくてちょっとイヤな感じがすることがありますが、それは、意識するかしないかにかかわらず、こちらが設定している相手との距離を無視し、必要以上に対人的な距離を縮めてくるからです。

親しさを強調する日常会話では、「ね」や「よ」がかなりの頻度で使われます。以前、大学生の日常会話に使われる文の最終部分を調べたことがありますが、「ね」「さ」「よ」などで終わるものは約三五パーセントという結果になりました。三度に一度は、そのようなことばを使って文を終わらせていることになります。

これらの表現は確かに頻繁に使われますが、もちろん無制限に使われるわけではありません。よく使う「ね」と「よ」についても、いろいろな使い分けの条件があります。

◉「ね」と「よ」の違い

「ね」は、聞き手の知識や意向と自分の意見が一致することを確認して、同じ立場にあることを共感するために使われます。「よ」は、話し手が聞き手に向けて、ある情報を知っておくべきだと指摘する機能があります。相手がその情報を認識するように期待しているのです。「ね」は相手の気持ちに敏感で、「よ」は情報に敏感と言えます。

〈12〉女友達の会話

令子　カナちゃん、お弁当、田中クンの分も作ってきたみたい。
有紀　えっ。なんで？
令子　なんでって。
有紀　田中クン、この間、カナのサンドイッチ食べなかったみたいだもん。
令子　でも、最近つきあいだしたらしいんだ。
有紀　マジで？
令子　うん。
有紀　そうなんだ。カナちゃん、やっぱり田中クンのこと好きなんだね。

〈13〉女友達の会話
令子　カナちゃんさ、田中クンにサンドイッチ作ってきたんだって。
有紀　うそ。それって、彼のこと好きなんだよ。
令子　そうかなあ。
有紀　そうに決まってるじゃん。

〈12〉では「好きなんだね」〈13〉では「好きなんだよ」となっています。〈12〉では、有紀がやっぱりそうなんだと令子も承知している事実を確認しているから「ね」、〈13〉では、有紀が令子の知らないことを提供しているから「よ」、が使われます。

「ね」と「よ」の違いは、根本的には、話し手と聞き手が持っている情報量の差によります。

「ね」は、聞き手が話し手に比べてより詳しい情報、または同じくらいの情報を持っていると考えられる時、聞き手に向かって同意や確認を求めるために使われます。一方、「よ」は、話し手が聞き手に比べてより詳しい情報を持っている場合、聞き手にその情報を認識してほしいという意図で使います。

私たちは、お互いが持っている情報量を想定した上で、「ね」と「よ」を使い分けますが、このことは、これらの表現がいかに対人関係と密接に結びついていることばであるかを教えてくれます。相手を意識しなければ（架空の相手でもいいのですが）使うことはないことばなのですから。

たった一文字の違いで、話し手と聞き手の関係（正確には話し手が聞き手との関係をどう捉えているか）が明らかになり、それに伴う感情がクローズアップされることになるのです。

◉「ねよ」と言えない理由

「ね」と「よ」の差については、さらに興味深いことがあります。日本語では文の中に出てくることばの順番は、情報に関するものが先に、相手に向ける態度や感情を示すものが後に来ると言われています。

この考え方に従えば、「ね」と「よ」の両方を使う場合、情報を伝える「よ」の後に態度を表現する「ね」が加えられることになります。「行ったんですよね」という表現があっても「＊行ったんですねよ」が使えないのは、「ね」と「よ」が異質のものであることを裏付けています。

◉「ね」の気持ちと「よ」の気持ち

ここで「ね」がよく使われる会話と、「よ」が何度も出てくる会話を比較してみます。

〈14〉女友達の会話

さおり　でもねえ、彼六つも年下なんだ。考えられる？　そんなヤツと結婚するなんてね。
和子　うーん、そうだなあ、自分がそんな状態に置かれてみないとわかんないなあ。
さおり　あのね、そんなわけでねえ、彼とのことだけど、まだ私もどうするか、わかんないんだ。だからね、誰にも、この間のこと言わないでね。

さおりは、和子も自分の気持ちをある程度わかっていることを知りつつも、「ね」を何度も使い、そのたびに確認しながら自分の思いをぶつけています。気持ちを確認しながら心のつながりを強調しているのです。文の終わりだけでなく文中にも「ね」を挟み込むことで、お願い、という強い気持ちを相手にアピールし、全体的に少し甘えたような雰囲気が醸し出されます。

どうみても
ウサギだね
どうみても
タヌキだよ
ほっとけ…

〈15〉恋人たちの会話

沙希　なによ、それ。
悠太　もう決めたんだから。
沙希　勝手に決めないでよ。聞いてないよ、そんなこと。
悠太　それが一番いいと思って決めたんだから。
沙希　だめだよ、そんなの。
（話が途切れる）
悠太　あのさ、今日会えない？
沙希　えっ？
悠太　会いたい。
沙希　……。
悠太　会いたいよ。

沙希と悠太には情報のギャップがあり、それが問題になっています。両者とも「よ」を使い、訴えるように話しかけます。相手に話を聞くように促す「よ」ならではのアピールの仕方です。

ところで、沙希は、悠太の「会いたい」を受けて黙ってしまいますが、そこに空白の時間が生まれます。空白の時間と言っても、「……」で示される話の間は、単なる空白ではありません。何か言うことが期待されているのに言わないという意味のある沈黙です。悠太は、沙希の沈黙に反応して「会いたいよ」と「よ」付き表現で応えています。

「よ」を使うことで、相手が承知していない（と話し手が想定する）情報を強調しています。もちろん「会いたい」だけを繰り返すこともできますが、「よ」を付けることで、情報に注意を促しながら、しかも、相手に強く訴えることができます。沙希が自分の気持ちをまだわかってくれないという悠太の切ない気持ちがよく伝わってきます。

「よ」付きの表現と「よ」なしの表現は、たった一文字あるかないかですが、そのアピールの仕方には格段の差ができるのです。

◉大切な話に「よ」をつける

「よ」の使用について、もう少し視野を広げてみます。複数の文がどのように使われているかに注目すると、「よ」の興味深い役割が見えてきます。

〈16〉同僚の会話

田口　〔ああ、息抜きが必要だなあ。〕
丸山　そうかもな。
田口　オレ、決めたよ。
〔午前中で仕事をすませる。〕
〔必ず頼まれていた仕事を仕上げる。〕
で、午後からホテルのプールに泳ぎにいくことにするよ。
丸山　ああ、それが正解かも。
田口　で、夕方までリラックスするよ。
〔なかなかそういうことできないし。〕
丸山　了解！　じゃ、明日また連絡して。

田口のことばには、〔　〕の付いた文とない文があります。〔　〕の付いた文は、付いていない文に関する補足的な情報を提供します。

複数の文からなる話では、そのすべての文が同じインパクトを持っているわけではなく、主になるものと付属的なものの役割が分担されます。

「オレ、決めたよ」「で、午後からホテルのプールに泳ぎにいくことにするよ」そして「で、夕方までリラックスするよ」が田口の話の要《かなめ》であり、「よ」が使われています。「よ」が付いていない文は、あくまで添えものとしての役目を果たします。「よ」を使うか使わないかによって、中心的な話の内容を伝える文とそうでない文とが明らかになります。

ポイント

話し手と相手との間にどのような情報量の差があるか、対人関係をどのように受けとめるか、話の中心となる内容は何か、などによって「ね」と「よ」の使用が決まります。その基準は多くの場合、瞬時になされなければなりません。なにげなく使っていることばですが、それを使うためには、複雑な要素の即刻決断がいかに必要であるかがわかります。

「ね」と「よ」は短いことばで、ともするとあってもなくてもいいように思えるのですが、それによって伝わる心情には大きな差があります。無意識で使っているようでも、私たちは、実際は細かい感情を考慮に入れ、その場の空気を読んで使っているのです。

40

Q

目上の人にミーティングの時間を確認するとします。次のどちらが、より好感を持たれる表現でしょうか。その理由も説明してください。

（1）今日のミーティングは三時からということですよ。

（2）今日のミーティングは三時からということですね。

♣答え（2）

◆説明

「よ」を使うと、自分がより多くの情報を所有していると想定していることが伝わります。たとえそうであっても、目上にあたる先輩や上司がミーティングの予定時刻を知らない、または、忘れたと考えるのは失礼なので、「よ」は避けるのが無難です。

目上の者は情報をより多く所有するだろうと承知するのが尊敬の気持ちを表すことにつながります。目下の者はあくまでも目上の人との上下関係を重視して「ね」を使うのが自然になるのです。この意味で「よ」には、目上の人に向けては使用制限があり、その使い分けが対人関係に微妙な影を落とすことさえあるのです。

情報と思いやり、あるいは知識と感情という一見異質の概念も、人間の営む世界ではなかなか切り離せないものなのです。

ところで、皆さんの中には「…三時からということですよ」という表現をあえて使う方もいるかもしれません。親しい間柄であれば、目上の人に対してタメ口に似た口調で話しかけることがないわけではありません。重要なのは、「よ」を使うと上下の距離より親しさを重視していることが伝わるという点です。通常受け入れられている使用方法以外の使い方をすると、そのような選択を支える動機を問われますが、そのこと自体が、そういう規則があることを証明しています。

5 「やる」と「もらう」

——人間関係に気を配る

日本語では、何か物を相手にあげたり、または相手からもらったりする時に、「やる」「もらう」「くれる」ということばが使われます。また、「さしあげる」のような謙譲語や、「くださる」のような尊敬語もあります。物のやり取りだけに限らず、ある動作や行動をしてあげたり、してもらったりする場合にも「~てやる」「~てもらう」「~てくれる」のように使われます。

これらのやる・もらうの関係を表すことばは、ある行動が相手に恩恵を与えるか、あるいは自分が恩恵を受けるかを表します。そのため、その使用には、その行動に関わる人々の人間関係にも気を配る必要があります。

◉人間関係を伝える

たとえば、先生が誰かに英語を教えたという意味の文を見てみます。少なくとも次のような可能性があります。

（1） 先生は生徒たちに英語を教えました。
（2） ＊先生は私に英語を教えました。
（3） ＊先生は弟に英語を教えました。
（4） 先生は私に英語を教えてくれました。
（5） 先生は弟に英語を教えてくれました。

先生が生徒たちに英語を教えたという事実を客観的に伝えるのなら、（1）で十分です。たとえば「そのころ、先生は田舎の小さな中学校で生徒たちに英語を教えていました」というような文にすると、より自然な感じになります。しかし、「生徒たち」ではなく「私」や「弟」となると、「教えました」は使えません。誰が恩恵を受けたかが絡んできて、（4）や（5）のように「教えてくれた」という描写になります。

なお、「先生は生徒たちに英語を教えてくれました」という表現も使われますが、この場合は（1）と違って、話し手の私情が入り込んでいます。話し手は生徒よりの立場で恩恵を受けたことを強調します。

◉ウチとソト

ここで興味深いのは、日本語ではウチとソトの人間関係がはっきり区別されていて、それを基準にふさわしい表現を選ばなければならないということです。（1）では、話し手にとって「生徒たち」はソトの人ですから「生徒たちに英語を教える」という表現が可能ですが、自分に近しい人、つまり「私」や「弟」のようなウチの人が関係してくると、客観的に「私に英語を教える」「弟に英語を教える」とは言えなくなってしまいます。かりにそれが「弟」の場合であっても、あたかも自分がその恩恵を受けたように、「〜てくれる」表現にしなければ不自然になります。

「あのアメリカ人は近所の子どもたちにテニスを教えた人だ」という表現を考えてください。この文は、近所の子どもたちが話し手とどういう関係にあるかによって、自然になったり不自然になったりします。「教えてくれた人だ」という表現であれば、近所の子どもたちは話し手と近い存在、つまりウチの人間であり、「教えた人だ」という表現であれば、近所の子どもたちはソトの人間であることが、直接何も言わなくても明らかになります。こうして、関係する人への話し手の思いが浮き彫りになるのです。

この現象は日本語を話す私たちにとっては、ごくあたりまえのことですが、たとえば英語にはこのような規則は見当たりません。誰であろうとも、「教える」という一語で間に合うわけです。日本語は、常に人間関係を意識し、それを表現する必要がある言語です。

◉「〜てやる」「〜てもらう」「〜てくれる」

〈17〉同僚の会話

田口　ありがとな。遠いところを、家に来てくれて。
丸山　いや、いろいろご馳走してもらって、こんなんだったら、何度でも来ちゃうよ。
田口　いつでも来いよ。
丸山　それから、あいつのこと。バツイチで二度目の結婚だけど、喜んでやろうよ。
田口　そうだな。

家に「来た」のではなく「来てくれた」のであり、そこに感謝の気持ちが表現されます。「ご馳走してもらう」ことで、やる・もらうの関係が明らかにされます。

丸山は「喜ぼうよ」ではなく「喜んでやろうよ」という表現を使い、あいつのためにそうしてやろうという心持ちを表現します。「やる・もらう」表現からは、あくまで間接的ですが、関係者たちの気持ちを必ず感じ取ることができます。

◉「〜てくれる」と「〜てもらう」

「〜てくれる」と「〜てもらう」の使用については、話し手の視点と恩恵を受ける人の意図に違いがあります。

同一の出来事でも、恩恵を与える側と受ける側のどちらに焦点を当てるかによって異なった動詞が選ばれます。

（1）悠太は私にプレゼントを買ってくれた。

（2）私は悠太にプレゼントを買ってもらった。

ウチの人間が何らかの恩恵を受けた場合、恩恵を与える人に焦点を当てると「〜てくれる」が、恩恵を受けた側に焦点を当てると「〜てもらう」が使われます。

さらに「〜てもらう」は、受け手がそのような恩恵を受けたいという気持ちがあることを伝えます。その意図を明示しなくても、そうしてほしいという状況が想定されます。

このように、ある出来事が「〜てやる」「〜てもらう」「〜てくれる」のうちのどの動詞を伴って表現されるかによって、それに関係した人々の気持ちが自然に伝わってきます。

◉「〜てやってもらう」

〈18〉母と、娘の恋人との会話

母　もし、あなたがあの子のことを今でも思っているんなら、迎えに行ってやってもらえないかしら。

恋人　……。

母　きっと待ってると思うので。

「迎えに行ってやってもらう」という表現は、頼んでいる人と頼まれる人、そして「あの子」との人間関係を明らかにします。単に「迎えに行ってください」では、「〜てください」とお願いしているのにもかかわらず、なにか突き放した感じがします。どうしても、勝手に行きたいなら行ってくださいというニュアンスが否定できないからです。

「迎えに行ってやってもらう」からは、まず、迎えに行くことが娘の利益につながるという前提があり、母親としては何とかしてあげたいという気持ちが感じられます。その気持ちは、「迎えに行ってやる」で伝わります。しかし、現実には、母親ではなく「迎えに行く」という行動を娘の恋人という第三者に託しています。それが「もらう」に反映されています。「〜てやってもらう」のように、複数の「やる・もらう」ことばを重ねて使った場合からも、ある行動がどのような人間関係に支えられているかが明らかになります。

◉「私に恵んでやってください」

「やる」を視点を換えて使うこともあります。皆さんが寒い夜すっかり体が冷えてしまって、ようやく友人の家に辿り着いたとします。そこで、ちょっと大袈裟に、しかもふざけ気味に、「あたたかいものを私に恵んでやってください」と、物乞いをする場面をイメージしてみてください。

この「～てやる」は相手の立場から描かれています。この視点のシフトは、頼む相手の立場を意識した表現です。

逆に、「そんなモン、お前に全部くれてやる！」などという表現もあります。「全部あげる」ではなく、わざわざ「全部くれる」を使い、相手が受け取る立場を意識します。しかも、「～てやる」を使って自分のなげやりな気持ちを強調することで（51頁参照）、話し手の立場がクローズアップされています。

「やる・もらう」表現は、話し手が関係する人々をどのように見ているか、どのように位置付けているかということを反映する表現です。便利なことは便利ですが、複雑な人間関係が絡んだやっかいな表現でもあります。

◉「飲んであげたら」

「～てあげる」表現が、微妙な力関係を明らかにすることもあります。〈19〉の会話は、事務所の昼休みに悠太が沙希を誘っている場面です。近くでことの次第を見守っていた課長が、最後に「飲んであげる」を使っています。

〈19〉恋人たちの会話

悠太　お茶飲みにいこうよ。
沙希　でも今仕事中だし。
悠太　なんで、だってもうお昼だよ。メシ食いに行こうか、じゃあ。
沙希　……。
悠太　お茶飲みに行こうよ。
沙希　……。
課長　おい、こんなに言ってんだから、お茶飲んであげたらどう？
沙希　でも、課長。

「お茶飲んであげたらどう？」と言うのは、課長が悠太に同情しているからであり、課長が悠太より優位に立っていることを意味します。同時に、悠太が沙希の承諾を求めなければならないという力関係にあることを認めています。課長がお情けでもいいから沙希に悠太と一緒に飲んで「あげる」ように勧めるという構図は、三人の微妙な人間関係や力関係を、間接的であれ、明らかにしています。

◉なげやりの「~てやる」

「~てやる」表現は、相手がはっきりしている場合に使われるのが一般的ですが、独り言を言う場合など、時には「やる」相手がはっきりしないのにあえて使うこともあります。このような使い方の場合には、話し手のやるせない気持ちを表現します。

〈20〉男子高校生の独り言

どうせ、俺が悪いんだろ。俺がみんなに逆らうからいけねえんだろ。だったらもう何もしないで、おとなしくしてるよ。一生自分のやりたいことはしないで、いい子ちゃんになってやるよ。

誰でも、自暴自棄になった経験があると思いますが、そんな時「~てやる」という捨て台詞をはきたくなります。自分はそうしたくないが、そうすることに決める。しかもただ「いい子ちゃんになるよ」ではなく、「いい子ちゃんになってやるよ」で、目の前には存在しない相手に向けて、あたかもその人のためにするように装うのです。

◉「〜てもらっていいですか」

「写真、とってもらっていいですか?」というような頼み方が、特に若者の間で使われます。これは年配者には違和感のある表現のようですが、かなり広範囲に使われています。この場合「写真、とってもらってよろしいですか?」という丁寧表現を使っても、あいかわらず変な感じです。

ちょっと不自然なのは、「〜てもらって(も)いいですか」が、許可を求める表現であって、依頼表現ではないことからきています。従来は「写真とっていただけませんか」「すみません、写真お願いできますか」など、相手に依頼する表現が定番でした。

「〜てもらって(も)いいですか」には、押し付けがましい態度が感じられるとする人も多いようです。その理由は、普通、写真をとってくれと言われれば、「ノー」とは言わないと思われているのに、あたかもイエス・ノーの選択があるような表現を使っているところにあります。

しかし、この表現には、「もらう」という感覚、つまり、相手の行動によって自分が恩恵を受けることをありがたいと思っている部分が含まれています。そのため、依頼する押し付けがましさを少なくしたいという気持ちを感じとることもできます。

ただ「〜てもらっていいですか」の「〜てもらう」には、自分が恩恵を受けることを当然の

買ってもらっても
いいですかね
買わせて
もらいます
勘弁して
やれよ～

ように見る一種の甘えも感じられるため、全体的には押し付けがましい感じが残るわけです。

「～てもらう」を「～ていただく」にして「写真、とっていただいてもいいですか」にすると、より受け入れられやすくなります。それでも、相手に許可を求めていること、しかも、ノーと言われる可能性も認めていること、も合わせて表現されています。

いずれにしても、「～てもらっていいですか」は、相手も自分もあまり傷つくことなく、対面を保ちながら、許可を装って依頼する表現と言えます。

ポイント

「やる・もらう」表現は、物のやり取りだけでなく、行動のやり取りにも使われます。そして、「～てやる」「～てもらう」「～てくれる」「～てあげる」の使い方には、複雑な人間関係が反映します。そのため、たとえ話し手が意識していなくても、話し手の複雑な感情が表に出る表現と言えるでしょう。

Q 友人が忙しそうにしている時は、次のどちらの表現を使うのが好ましいでしょう。その理由を説明してください。

（1）手伝うよ。
（2）手伝ってあげるよ。

♣答え　（1）

◆説明

「手伝ってあげるよ」という表現には、恩を売っているようなニュアンスがあります。「～てあげる」は、ともすれば、やる・もらうの関係にまつわる（あなたにできないから）お情けでしてあげる、という態度をおおっぴらにするからです。

人間関係をも表現する「～てあげる」の使用は大切ですが、あえてそれを避けることで、相手への思いやりを表現する場合もあります。時と場合によっては「～てあげる」が不愉快な思いをさせることもあるので、注意が必要です。

56

ちなみに「手伝ってあげてもいいよ」という表現もありますが、これは明らかに話し手が相手より上位にあることを示します。そういう関係を強調したいのならいざ知らず、それ以外では避けたい表現です。

6 「この」「その」「あの」
——感情的な距離を計算する

日本語のコソアドことばは、物を指し示すことばです。しかし、「この」を使うのか「その」を使うのか、それとも「あの」を使うのか、その選択には、話し手と対象物との物理的な距離だけでなく、その間にある感情的な距離も関係しています。

物を指し示す時には、実際の物を指す場合と、頭の中にイメージした物を指す場合があります。話し手にも相手にもその対象物が見える時には、話し手に近い物にはコ系が、聞き手に近い物にはソ系が、両者から離れている物にはア系が使われます。この場合、話し手と相手がいる位置が基準になります。

◉コ系の気持ちとソ系の気持ち

私たちは、考えていることや思い出したりしたことを、物語のように語ることがあります。物語の中で使われるコソアドことばは、現実世界で使われる使い方と無関係なわけではありませんが、単なる位置関係を示すだけでなく、対象物への語り手の気持ちや思い入れも伝えていることが多いのです。

物語の中で使うコ系は基本的に語り手と近い対象に使います。ソ系は中立的で、語り手が対象との距離を保っていること、特に文脈で既に出てきた物を再度指し示すために使われます。次の例では、ソ系とコ系がミックスされていますが、なぜそのような使い方があるのか、その理由を考えてみます。

〈21〉大学教授のコメント

大学生と言えども、研究の姿勢が身に付いていない。いつも講義をボーっとして聞いている（というより聞いていない）学生に、「教科書を読んで勉強しておきなさい」と言ったら、「そこまで気が付かなかった」という答えが返ってきた。

しばらくして、同じ学生に「研究テーマは決まりましたか」とたずねると、「それはまだ」と言う。

これはこの学生に限ったことではない。受験勉強の反動なのか、最近の大学生は、キャンパスを単に遊びの場所と勘違いしているようなのだ。

〈21〉では、大学教授のことばを受けて学生がソ系で答えています。ここから「教科書を読んで勉強する」ことも「研究テーマを決める」ことも、その学生にとっては特に思い入れのある事柄ではなく、少し距離を置いていることがわかります。先生が指摘したことがらを中立的な態度で指し示すためにソ系を使っています。

最後の三行で「これ」と「この」が使われています。コ系の表現は、実際に現場で物を指し示す時の近距離感を引き継ぎ、その事柄が話し手にとっては身近であることを表しています。語り手は、コ系を使うことで事柄が身近なものであることを相手に伝えると同時に、相手にとっても近い事柄であると感じてほしいと願っています。「これ」「この」は、話し手や書き手が、ある事柄を自分の世界に近寄せ、思いを込めてコメントする時に生きてくるのです。

文章の中には、ソ系とコ系が集中する部分があります。そこには、それぞれが創造する違った世界があるのですが、コソアドの選択によって、語り手の視点がどこにあるか、指し示す物との心理的な距離がどのくらいかを知ることができるのです。

◉ア系の気持ち

ア系のことばは、現実世界では対象物が話し手からも相手からも離れている時に使いますが、イメージの世界ではどうでしょうか。

まず前提となるのは、相手も指し示す物が何なのか承知している、または承知していることを話し手が期待している、ということです。次に、対象が位置的に遠いところにあるとしても、語り手の対象に対する感情的な距離は近く、親しい、懐かしい、いまいましい、残念だなど、心情的な思い入れがあることを伝えます。記憶やイメージの中に、語り手と聞き手との間で感情の対象となるア系の物を共有することで、共感を促すわけです。

ア系の代表的な例を見ることにします。宮沢賢治の「よだかの星」からの抜粋です。

〈22〉（宮沢賢治「よだかの星」『銀河鉄道の夜』新潮社、一九八一、二四ページ）

よだかはその火のかすかな照りと、つめたい星あかりの中をとびめぐりました。それからもう一ぺん、飛びめぐりました。そして思い切って西のそらの、あの美しいオリオンの星の方に、まっすぐに飛びながら叫びました。

「美しいオリオンの星」でも不自然ではないのですが、宮沢賢治は読者との共感を促すために「あの」という指示表現を選んでいます。私たちみんなが知っている、あの美しいオリオン座という意味を強調します。「あの」が付いていることで、私たちはよだかが（死を覚悟して）目指すオリオンの星の美しさをイメージします。それを共に経験することで、そこに感動が生まれます。厳密には「あの」は何かを指すというより、何かについてのこだわりを盛り込んだ感情表現なのです。

ア系のことばは、具体的に指示するものがなくても使われることが日常化しています。たとえば、急に、相手にも何なのかわからないのに「あれ、あれをとって」と言うような場合です。話し手が描く世界の中にある物を、相手も知っているだろうと信じてア系で表現します。

ア系の表現は、コミュニケーションをスムーズにするために、話の初めや中途に挟む意味なしことばとして利用されることもあります。「あのう」と言って呼びかけたり、「あのさあ」と言って話し始めること、また、話の合間に「えーと、あのー」と挟むことがいかに多いか思い出してください。

ポイント

コソアド表現は、単なる物理的な距離の違いだけではなく、話し手や書き手と物との感情的な距離を伝えるのにも欠かせない表現です。一見感情とは縁のないような表現にも深い感情が隠されていることがあります。言語にはこのように間接的に気持ちを伝えることばやしくみが備わっているのです。

Q 次のカッコの中に「そこ」か「あそこ」のいずれかを選んで入れ、選んだ理由も説明してください。

〈23〉男友達の会話

悠太　きのう、渋谷で潤と待ち合わせしたんだ。

ねえ、
あれくれない？
ああ、
あれ…ね

康夫　渋谷のどこ?
悠太　ハチ公前。
康夫　でも（　）、いつも混んでるだろ。

〈24〉男友達の会話
悠太　ゆうべ、渋谷の居酒屋で谷先輩に会ったんだ。
康夫　へーえ。めずらしいじゃん。
悠太　ちょっとしゃれた居酒屋でね。
康夫　いいねえ。
悠太　（　）で、二人で飲んだんだけど。先輩、グデングデンになるまで飲んじゃってさ。
康夫　え、何かあったのかなあ。

♣答え
〈23〉は「あそこ」、〈24〉は「そこ」

◆**説明**

ハチ公前であろうと居酒屋であろうと、悠太も康夫もそこから離れた場所にいるのですから、二人から対象までの距離は同じです。したがって、物理的な距離にのみ基づいた判断では、答えは両方とも「あそこ」になります。

しかし〈24〉では「あそこ」を使うことはできません。それは以下の理由によります。〈23〉のハチ公前は、悠太と康夫が共有している（と想定する）情報です。ともに知っている情報だということを確認しながら、お互いが親しい関係にあること、そんな情感にアピールしながら話を進めること、を知らせるために「あそこ」を使います。

〈24〉にはそういう感情的な思い入れがありません。悠太は先輩と飲んだ渋谷の居酒屋について話していますが、悠太と康夫の間ではその居酒屋に関しては共通の経験がありません。ですから、感情の距離計算をしてみても、これといった思い入れもありません。そのため、話に既に出てきた居酒屋を指すために中立的なソ系を使います。

7 「は」と「が」

——親近感を呼び起こす

皆さんの中には、日本語を勉強している人から、「は」の使い方がよくわからない、というグチをきいた人はいませんか。それは、「は」に相当することばが多くの外国語にないからです。私も初めて日本語を教えた時は全く説明ができず、ほんとうに冷や汗ものでした。あれこれ参考書を読んでみましたが、納得できる説明は見つかりませんでした。それで、いろいろ調べているうちに、「は」を理解するのには、演劇のステージにたとえた「ステージング操作」という概念が役立つことがわかりました。

◉「は」と「が」の機能

まず、「は」について考えてみます。「は」は話題・トピックになるものをマークします。私たちが何かについて話したり書いたりする時、その話題を示すことばに「は」をつけてマークします。「は」以外では、「って」「も」などで話題をマークすることもあります。たとえば「バスケットボールって若い人がするスポーツだよね」という文では「バスケットボール」がその話題で「って」がそのマーカーです。

では「が」は何でしょうか。「が」は動作や行動をする人をマークします。たとえば、「若い人がバスケットボールをする」という文では、「若い人」が行動をする者で、それをマークするのが「が」です。

◉「が」より強力な「は」

「は」と「が」は、異なった機能を持っているのですが、「は」と「が」の違いがわからなくなるのは、「が」の代わりに「は」が使われることがあるからです。たとえば「田口さんは毎週土曜日にテニスをする」という表現では、「田口さん」は「テニスをする」人ですから「が」が使われてもいいはずですが、同時に話題でもあるので「は」が選ばれています。ここで大切なことは、話題を示す「は」の方が動作や行動をする人をマークする「が」よりも力があり、その結果、「が」を押しのけて「は」が使われるということです。

なお、「は」「って」「も」など、話題を知らせるマーカーは、「が」だけでなく「を」も押しのけます。「その本はもう読んだ」という文は、「を」を押しのけて「は」が使われた結果です。

「は」と「が」がペアとなって話題になることが多いのですが、「は」と「が」は、もともと別の次元で活躍することばなのです。

◉「は」と「が」の使用条件

一般的に「は」は古い情報に、「が」は新しい情報に使われると言われています。ある新しい情報をまず紹介してから、それを話題として提示するというステップが考えられるからです。

〈25〉

むかし、むかし、あるところに、おじいさんとおばあさんが住んでいました。

おじいさんは山へ芝刈りに、おばあさんは川へ洗濯にいきました。

ここでは、新しい情報として初めて出てくる「おじいさん」と「おばあさん」は「が」でマークされ、二度目に古い情報として出てくる時は「は」が付いています。

しかし、情報の新旧ですべての説明ができるわけではありません。古い情報でも「が」が使われ、新しい情報でも「は」が使われることがあります。

〈26〉

少年は見知らぬ町に着いた。海沿いには古びた工場が並び、町はさびれていた。しばらく歩いて「パラダイス」という食堂に入った。少女がカウンターの向こうでグラスをふいていた。

「いらっしゃい」

少女が少年の方を見た。少年は黙って、隅のテーブルについた。少女がゆっくり近付いた。

ここでは二人の人物が登場します。少年は初めて出てくるのにもかかわらず、「は」で紹介されます。少女は三回出てきているのですが、二度目、三度目と古い情報となっても「が」で紹介されます。

「は」と「が」の選択、というより正確には何かを話題としてマークするかしないかは、情報の新旧だけによるわけではないのです。書き手や話し手がその情報をどのように見ているかという視点の選択、つまり、ステージング操作に影響を受けているのです。

◉ステージング操作

ステージング操作とは、特別の表現効果を狙ってある話題を「は」(「って」「も」なども含む)でマークしたり、逆に「は」の使用を避けたりする表現技法のことです。「は」でマークされた話題とそうでないものとの表現効果の違いを、演劇のステージの演出にたとえています。〈26〉を例にとって、ステージング操作を考えてみます。

この演劇には少年と少女が登場します。少年は継続して「は」でマークされ、少女は「が」でマークされています。少年はそのままステージに残り、中心人物となります。ステージ上で繰り広げられる事態の変化は、少年を中心に次々に起きているように描写されていきます。つまり、話は少年を中心にして、彼の周辺に起きる出来事を統合しながら展開していきます。

一方、少女は、ステージに登場するたびにスポット・ライトを浴び、そのたびに新しく大切な情報を提供します。

「少女がカウンターの向こうでグラスをふいていた」のも「少女が少年の方を見た」のも「少女がゆっくり近付いた」のも、大切な情報ではあってもあくまで少年が影響を受けたことがらであり、少女がずっとステージにいる人物として描かれているわけではありません。少年と少女は、物語の展開に異なった貢献の仕方をするわけです。

「は」付きの人物は、物語を形作る役目を果たし、「は」なしの人物は、話の筋に従属する人物です。話題に選ばれるか・選ばれないかというのは、あるステージ上で中心人物となるか・ならないかということなのです。私たちが物語を解釈するためには、このような登場人物の相関関係をも理解する必要があるのですが、ことばの上でその理解を助けてくれるのが、「は」と「が」の区別なのです。

なお、〈26〉の三行目では「少年は」が省略されていますが、このように一度設定された話題はすでに了解済みなので、言及する必要がありません。逆に、省略することで話題であることを暗示することもあります。

ポイント

〈視点と親近感〉 物語を理解するには、語り手が誰に共感して、誰の視点から描写しているのか、が重要になります。読者は主人公に近い距離から出来事を見る傾向がありますので、主人公と同じような感覚を共有することになります。書き手はそれを承知の上で、ある登場人物を「は」でマークし、それによって、その人物に親近感を持つようにと読者を促すのです。

他の人物の行動については、中心人物の視点から描写されることが多いため、あくまで中心人物を通して間接的に解釈することになります。

この中心人物とするか・しないかは、ただ単に情報の種類によって自動的になされるわけではありません。それはあくまで、表現者の感情を含んだ意図的な視点の選択によるのです。

もう少し普通の
恰好してよ、
主役は猫
なんだから
つまり、
オマエはオマケ、
オレがヒーロー
は〜

Q 〈26〉の「は」と「が」を交換して〈27〉とすると、どんな違いが生まれますか。また、なぜ表現効果の差が生まれるのか、その理由を述べてください。

〈27〉
少年が見知らぬ町に着いた。
海沿いには古びた工場が並び、町はさびれていた。
しばらく歩いて「パラダイス」という食堂に入った。
少女はカウンターの向こうでグラスをふいていた。
「いらっしゃい」
少女は少年の方を見た。
少年が黙って、隅のテーブルについた。
少女はゆっくり近付いた。

♣答え
〈27〉では、少年は主人公ではなく、あくまで支えの人物として登場します。少年は、中心人物となる「少女」の経験を呼び起こす源として機能します。

◆**説明**

〈27〉では、少女は新情報でも「は」付きで登場します。この瞬間、〈26〉とは異なり、読者である私たちは少女が中心的な人物になることを予感します。

〈27〉では、主人公が二人の登場人物の間でいろいろと変化します。まず、少年が「が」付きで登場し、三行目の省略を通していったん話題となります。そこに少女が「は」付きで中心人物として入り込み、そして後半では少年は「が」でマークされ中心人物ではなくなります。つまり、少年、少年と少女、そして少女だけ、という変化が見られます。

最終的に少女がステージに残り、話の展開の軸となります。読者は少女よりの視点に立ち、少女に親近感を覚えます。こうして、ステージング操作の違いによって、〈26〉とは大変違った世界が浮き彫りになります。この意味で、ある人物や事柄を話のトピックとするか・しないかという語り手の決断は、その人の感情移入表現の一つと考えることができるのです。

8 「だ」と「じゃない」
——強く言い切る

◉断定の「だ」

「だ」と「です」を使う文を考えてみます。たとえば、「これは昔の写真だ」とか「ジョンはイギリス人です」のような表現です。このパターンでは、基本的には「これ＝昔の写真」「ジョン＝イギリス人」という意味を伝えます。しかし、そのような性格付けでは説明できない例もあります。たとえば、次のような場合です。

〈28〉女友達の会話
令子　有紀ちゃん、早く、早く。もう。またビリじゃん。

有紀　ちょっと、待って。待ってってば。
令子　もう、いつもなんだから。
有紀　どーせ、ノロマですよぉ……だ。

有紀は「どーせ、ノロマですよぉ……だ」と最後に「だ」を付けていますが、これは何なのでしょう。「これは昔の写真だ」の「だ」と同じ扱いはできません。すでに「ノロマです」が使われていて、おまけに「よぉ……」まで付いているからです。

この「だ」は、話し手が強く断定する意志を伝えるためのマーカーです。このような言い切り表現の「だ」は、「だった」や「じゃなかった」のような過去形で使うことはできません。それは、この「だ」が今、発言したそのことについての気持ちや態度をマークするからです。「どーせ、ノロマですよぉ……だ」は、「のろまです」の「です」で一度言い切り、さらに「だ」で断定の意志表示をします。

皆さんは、「イヤダヨーだ」「あかんべーだ」「そんなことありませんよーだ」といった類の表現を耳にしたことはありませんか。このような「だ」の使い方はそれほど特殊なものではなく、比較的よく耳にする表現です。

◉確認の「だ」

「だ」は、会話の現場で話し手の心に浮かんだことや気付いたことをそのまま口にする時に使われますが、あたかも自分自身の中で改めて確認しているかのような表現効果を持っています。

〈29〉男友達の会話
悠太　あいつ、結構うまいことやってるよ。
康夫　ふーん、そうなんだ。あいつって、ずるいこともやるんだ。

「だ」は、それを使う現場と密接に関係します。「そうなんだ」によって代表されるように、心の中で思ったり納得したりした瞬間に、そのひらめきを思わず口に出します。康夫は、「だ」で心のうちを、そのままあらわにしているのです。

◉「私もうどんです」

「だ」（および「です」）は会話の現場と密接な関係にあるため、他の動詞の代わりをすることがあります。具体的なことばで示さなくても、「だ」で意味が伝わるからです。

〈30〉先輩と後輩たちの会話

先輩　君たち、何でもオーダーしていいよ。
令子　先輩、おごってくれるんですか。
先輩　ああ。
令子　やったー！　じゃ、私、うどんだ。
有紀　私もうどん。
先輩　オレもうどんにすっかな。矢崎、お前は？
カナ　私もうどんです。

「私、うどんだ」「私もうどん」「私もうどんです」は、すべて「だ」を基調とした文で「うどんを食べます」とか「うどんをお願いします」という意味で使われています。字面通りでは「私＝うどん」となってしまい意味をなさないのですが、「だ」が「食べる」という動詞の代わりとなっているのでコミュニケーション上、何の問題もありません。この場合の「だ」「です」は、強い言い切りではありませんが、話し手の伝えたい意味を代弁する機能があります。

◉文中の「だ」

「だ」（および「です」）は、文の中で話し手の気持ちを強調するために使われることがありますが、これも、「だ」がいかに話の場に直接関係しているかを示すものです。

〈31〉同僚の会話

小島　だから、まじめに働けばだ、そういう問題はいずれ解決するんだよ。
田口　そんな。そうかなあ。
小島　そうさ。おまえ、いつも仕事以外のことばっかり考えてるだろ。もっとまじめになればだな、絶対道は開けてくるものなんだ。

小島は、自分の意見を主張するために、「だ」を使っています。ここでも「だ」は、今進行中の話と関係しています。この「だ」にも、話し手の意見や考えを強調して伝える働きがあります。「これは昔の写真だ」の「だ」とは違った使い方です。

◉「〜だと」

「だ」には、相手との関係を印象付ける使い方もあります。それは、相手の言ったことを引用して問い返す時です。

〈32〉男性のコメント

あいつ、オレよりずっと人生をエンジョイしてる。
サーフィンに凝っているだと？
車の免許を持っているだと？
彼女とハワイに行くつもりだと？
ふざけんな。
全く。ああ、頭がガンガンしてきた。

「サーフィンに凝っているだと?」「車の免許を持っているだと?」「彼女とハワイに行くつもりだと?」は、もちろん相手がそこにいるわけではありませんが、問い返しています。「だ」を使わないで「サーフィンに凝っている?」と言うこともできます。しかし相手があたかも「だ」を使って強く断定したかのように、勝手に引用するのです。話し手もそれに呼応して相手を非難する気持ちを込めます。「だ」を使うことでそのような感情的な人間関係が呼び起こされるのです。

これは、一種の引用表現ですが、通常付けない「だ」を入れて、引用する者の感情の高まりを表します。不満、驚き、怒り、恨みなどの感情が、より強く押し出されます。そのことで、引用する側の存在を強く印象付けることになります。

「～だと」には、相手が言ったことの重大さをマークし、相手が強く断定したということを伝える意図と、話し手の強い非難を示すという二重の意図があります。このように「～だと」は、話し手と相手が相互にぶつかり合う感情の高まりの中で活躍します。

◉「～です」

文末にわざわざ「～です」を入れる表現方法があります。本来は必要がないのですが、このことによってある種のキャラクターになったような表現効果が生まれます。とくにマンガなどで、この「ですキャラ」が使われます。

「ですキャラ」は、ちょっとかしこまった感じを貫き通すタイプの人です。しかも動詞と「～です」で二度断定を繰り返すことから、自分の考えをはっきり主張する人でもあります。つまり、はっきり断定する一方、相手に対して礼儀正しいタイプの人です。

〈33〉マンガに出てくるある職場のシーン

安部　佐々木さん、この間の件、どうなりました？
佐々木　ええ、もう解決しました。それに仕事、もうひとつもらってきましたです。
安部　ええっ？
佐々木　わが社のような零細企業では、いつも仕事をもらってくるようにしなければ、将来があやぶまれますです。
安部　確かに。

マンガや小説のキャラクター設定でなく、日常の会話でも使われることがあります。「あなたの気持ち、確かにわかりますです、はい」などという言い回しを耳にしたことはありませんか。この場合も、断定を強める効果があります。

◉「じゃない」の気持ち

「だ」と同様、「じゃない」も話し手の気持ちを伝えるマーカーとして使われます。「じゃない」は、「だ」と対照的に、そうではないと今の状態を強く否定します。相手の行動自体を否定する強い気持ちです。

〈34〉恋人たちの会話
悠太　だから、なんではっきり言わなかったんだよ。
沙希　だって。
悠太　だって、じゃねえよ。
沙希　でも。
悠太　でも、じゃねえよ。お前、そういうこと、ちゃんと言えよ。

悠太は沙希の発言を否定しています。その内容もさることながら、そのように言うこと自体を否定する表現です。悠太のことばには、沙希の行動、態度、感情、を強く否定する力があります。

〈35〉職場の会話
上司　ここ、この機械の整備、どうした。

部下　あっ、忘れちゃっ、忘れてました。
上司　忘れてました、じゃないだろ。
部下　すみません。
上司　ったく。ちゃんとしとけよ。

ここで上司は部下の発言自体を否定しています。そして「じゃない」で否定された部下は、言い訳もできないような気持ちになります。相手が自分の行動全体を否定しているので、言い訳する余地がないのです。この意味で「じゃない」は、相手を沈黙に誘う表現と言えます。

ポイント

「だ」と「じゃない」は、話し手の断定に関連したさまざまな強い感情を伝える表現です。「これは昔の写真だ」という文で使われる「だ」と無関係なわけではありませんが、それをはるかに超えた機能があり、相手に伝えたい気持ちがいっぱいつまった表現なのです。

名前呼べよ

9 「『勝手にしろ!』みたいな」
——言ってからためらう

「『勝手にしろ!』みたいな」のように、文の終わりに「~みたいな」が使われることがあります。これは、もともと若者ことばとされていましたが、現在では世代にかかわらず、一般的に話しことば、また話しことばに近い書きことばにも使われることがあります。

◉「~みたいな」を文末に付ける

文の最後に使われる「~みたいな」は、その前に誰かの発言を引用しているという特徴があります。そして話し手は、引用した発言内容と同じような気持ちを持っていることを伝えます。「『勝手にしろ!』みたいな」では、話し手の本音は『勝手にしろ!』にあります。そこには言い方や語気などに込められた気持ちも表現されています。

もう一つ大切な点は、「～みたいな」には、引用した発言と同じような気持ちは持ってはいるが、必ずしも百パーセント同じではないというニュアンスも同時に表しているということです。そのため、引用したことばがたとえ強い表現であったとしても、相手に与えるインパクトをやわらげることができます。

◉「～みたいな」効果

引用した発言に「～みたいな」を付け加えると、言いたいことに対して、ある程度距離を置いて客観的に見ていると伝えることができます。同時に、自分の意見としてはっきり出すことを避け、躊躇しながらぼかしてやんわり出すというソフト化の効果があります。何か言ってから「～みたいな」と付け加えることで、ためらいの気持ちを付け足すのです。

〈36〉女友達の会話

令子　あの人、また三〇分遅刻。

有紀　ウソ、また？

令子　ムカつく。超ムカつく。
有紀　これで何回目？
令子　もう、知らない。「勝手にしろ！」みたいな。

令子は本当は「勝手にしろ！」と言いたいのですが、そのままではちょっと言いすぎかも、と思っています。「〜みたいな」を付け加えると、役者か誰かがそのセリフを言っているかのように装って、遠回しな表現に加工することができます。第三者が言っていることばを引用しているという状況を装っておけば、話し手は勝手気ままに発言できるし、その発言に対する責任を逃れることもできます。

自分自身の気持ちをいったんざっくばらんに言う、その後「〜みたいな」で一歩さがって距離を置く、という話し手のスタンスを伝えています。言いたいことを言うと同時に、メッセージのソフト化を狙った表現というわけです。

〈37〉女友達の会話
令子　ねえ、今度の連休どうする？

◎有紀　彼氏と思いっきり遊ぶ、みたいな。

有紀は、自分の気持ちをあまりにはっきり言い過ぎた感がなきにしもあらず、という態度を伝えます。自分の気持ちをそのまま言うと相手が引いてしまうかもと、それを防ごうとします。

「～みたいな」は、断言することを恐れ、ぼかすことで相手の反応をうかがいます。そうすることによって、相手に与えるインパクトを調整するという対人的効果が期待できる表現です。いったんズケズケ言ってからでも、相手の表情や反応をうかがいながら、すぐにとりつくろうことができるだけに、便利な表現方法です。

◉話す声が聞こえる

「～みたいな」表現には、話し手と同時に、引用した発言を実際にした（と想定される）人の声も聞こえてくるという特徴があります。

〈38〉職場の会話

女性教師　中間試験だってのに、欠席者が多くて。
男性教師　あ、僕のクラスも、最近欠席が多いよ。
女性教師　やっぱり。
男性教師　中には「忙しくて、勉強する時間がない」なんてホザく学生もいてさ。
女性教師　そうなんですか。
男性教師　あいつら、なに、考えてるんだ！
女性教師　全く。勉強することが本業だろ、いい加減にしろ！、みたいな。

女性教師は、「勉強することが本業だろ、いい加減にしろ！」とは、通常口にしませんが、「～みたいな」を付けることでそれが可能になります。あたかも話し手とは別の発言者が言ったかのように振舞うからです。そこには自分の声でありながら、他人の声でもあるという二重の話し声が聞こえます。

俺の名は
“流れ星のジロー”！
ーみたいな

ポイント

「～みたいな」表現は臨場感を強化したり、話し手の内面をあらわにしたりします。まるで一つの文の中に二人の話し手がいるような世界を演出することで、それが可能になります。

自分のことばでは言えない感情を「～みたいな」で包むことで、もう一人の話し声として相手に伝えることができる表現方法なのです。

Ⅱ　気持ちを伝えるしくみ

10　スタイル

——スタイルの揺れと心の揺れ

◉スタイルの選択

日本語では、話したり書いたりする時に幾つかのスタイルを使い分けています。妻が夫を指すのに、「主人」を使うか「旦那」を使うか、あるいは「夫」とするかなど、使う語彙の選択もスタイルですし、強い調子で話すか諭すように話すかなど、声の調子もスタイルの一つです。しかし、なんと言っても、「ダ体」（普通体）か「デス・マス体」（丁寧体）かが、スタイルの代表選手ではないでしょうか。

皆さんは、小学生または日本語を勉強している人に、ダ体とデス・マス体の違いは何かと聞かれたら、どのように答えますか。

目上の人に向かって話す場合やフォーマルな場ではデス・マス体を使い、親しい人同士がくつろいだ場で会話する時はダ体を使う、という説明をする方が多いのではないでしょうか。確かにスタイルの選択には年齢、地位、性別など話し手の特徴や、聞き手が目上か目下か、また男性か女性かなどの対人的な要因、そしてフォーマルかどうかという話の場の状況が関わってきますが、実際にはそれだけでどのスタイルが選ばれるかが決定されるわけではありません。

その決定には、実は話し手の感情が絡んでいます。また、もう一つ大切なことは、一度選ばれたスタイルがずっと維持されるわけではなく、心の揺れや気持ちの変化に合わせながらシフトしていくということです。この事実はスタイルの選択に、話し手の内面的また感情的な要素が絡んでいることを教えてくれます。

◉相手への態度によって変わる

スタイルは相手にどのような態度をとるかによって変わるのですが、基本的に三つのタイプが考えられます。「相手意識系」「相手アピール系」「相手無視系」です。

「相手意識系」は、社会的なしがらみを意識し、相手に敬意を表したり、公的な場面でフォーマルな様式を受け入れたりするスタイルです。この相手意識系で選ばれる文体はデス・マス体で、敬語や慣例にのっとった呼びかけ表現、また、まじめなことばを使うといった特徴があります。

「相手アピール系」は、個人的に相手と親密になりたい、甘えたいという願望を持って選ぶスタイルで、友情、慕情、愛情などの感情が動機になっています。文体はダ体で、気持ちや感情を表現する「ね」や「よ」などの使用、親密な呼びかけ、女性らしさや男性らしさを意識した表現が選ばれます。

「相手無視系」は、自分の感情に押し流されて、場所や相手をかまわずに、自分の内面を暴露するスタイルで、多くはダ体が使われます。感嘆表現や、乱暴な言い回しなどが頻繁に出てきます。たとえば「何だ！」や「勝手にしろ！」なども、相手無視系の表現と言えます。

「相手無視系」の中には、スタイルは乱暴でも、逆にざっくばらんで親しみを込めた表現として利用されるものもあります。たとえば、彼女に向かって「バカじゃねえの、お前。そんなつまんねーコト気にして」となぐさめる場合などです。相手無視はスタイル上のことで、気持ちとしてはもちろん無視しているとは限りません。

◉相手アピールから相手意識へのスタイルシフト

実際に選ばれるスタイルは、話し手の気持ちの変化によってシフトします。相手アピール系と相手意識系の間で、シフトが起こる例を考えてみましょう。たとえば、次の〈39〉は、仲の良かった恋人同士がけんかして、急にデス・マス体という距離感のある表現にシフトした場面です。

〈39〉恋人たちの会話

沙希 すみませんでした、長い間借りたまんまで。
悠太 ……。
沙希 ありがとうございました。
悠太 ございました、って誰としゃべってんの？
沙希 えっ？
悠太 なに、その他人行儀。
沙希 だって他人でしょ。
悠太 あ、そう。そっちがそう言うんなら、そうかもな。

いつもは相手アピール系で話している沙希ですが、この場面では「すみませんでした」と相手意識系にシフトしています。心に何かわだかまりがあり、悠太とは他人であることを強調したいからです。それに驚いた悠太は、「誰としゃべってんの？」という非難のことばを発します。話が進むにつれて、何らかの理由で沙希が急速に離れていくことに気付き、結局は悠太も怒ってしまうのです。

実際、親しい友人に急に「誠に申しわけありません」などと言って謝られたら、これは危険信号です。もちろん、ふざけているのか怒っているのかを正しく見極めなければならないのですが、相手意識系にシフトすると、それだけ疎遠な関係が強調されます。

このように、ダ体からデス・マス体へシフトすることで、一度近付いたはずの人間関係に、何らかの理由で距離を置きたいという心の変化を伝えることができます。

◉相手意識から相手無視へのスタイルシフト

相手意識系から相手無視系へシフトする例を見てみましょう。

〈40〉知人の会話

雅美　あっ、お医者様なんですか。
山村　ええ、まあ。
雅美　ああ、そうなんだ。それでわかったんだ。
山村　まあ、そういうこともありますけど。
雅美　それでおわかりになったんですね。

「そうなんだ」「それでわかったんだ」は、意図的に相手に向けた表現ではなく、半分自分に向けたもので、むしろ自分の内面のつぶやきに近いものです。これは「だ」と「じゃない」の項目でも触れた使用法ですが、話の現場で話し手の心の内をそのまま口にしたものです。雅美の発言は、相手意識系から一瞬相手無視系にシフトしています。この場合、相手を意識した「そうなんです」では不自然になります。

◉丁寧さとタメ口

私たちは、デス・マス体で丁寧に話すべき時には、もちろんそうします。たとえば就職試験の面接などでは、敬語を使いこなさなければなりません。しかし、特に若い人の間でタメ口

（またはタメ語）を使うケースが増えています。これは、近年、どちらかというと、丁寧であることよりも親しみを表現する方にウエイトを置く傾向が強くなってきていると考えられるからです。社会的な力関係よりも親しさを重視するわけです。小中学校でよく耳にする教師と生徒のカジュアルな表現をはじめ、大学でも（体育会系を除いて）職場でも、親しさや甘えを基調にした表現が幅をきかせるようになってきているのもそのためです。

特に若者は、会話の場の空気やその場のノリを大切にしますので、たとえば合コンで、初対面だからといって、ひとりだけデス・マス体を使ったらみんな引いてしまいます。タメ口は、親しさを演出する手段として使われていることも多いのです。

いずれにしても、スタイルの選択は対人的な距離に左右されますから、敬語とタメ口の間で人は適度な親疎関係の表現を見出しているわけです。

◉「ッス」

デス・マス体とダ体の間に位置するスタイルとして「ッス」があります。「来てたんスか」のように、「ですか」の代わり、また動詞に付けて「がんばるッス」のように使われます。

「ッス」を付けることで、聞き手に対して、丁寧過ぎず、しかも失礼にもならない程度の距離を保つことができます。

〈41〉 先輩と後輩の会話

タカ　オッ、リョウか。
リョウ　あ、タカさんも来てたんスか。
タカ　あれ、この前のミーティングでそういう約束だったろ。
リョウ　いや、聞いてなかったッス。
タカ　そうか。試合がんばれよ。
リョウ　来てもらってうれしいッス。
タカ　ああ。
リョウ　オレたち、まだ練習不足だけど、がんばるッス。

「ッス」は親しさを否定したくない、でもタメ口はマズい、という微妙な状況でその効果を発します。男性（特に、体育会系）を中心に使われていますが、女性の使用が全くないわけではありません。

ネコマンマ
なんて食べる？
食べるッス

◉書きことばのスタイルシフト

デス・マス体を基調とした文章で、普通体であるダ体が使われるのは、読者を強く意識しない時です。

〈42〉

英語を習得するために欠かせない学習のこつといったようなものがあります。英語で書いてあるものを何でもよく読む。英語を母国語とする人に話しかけて英語で話す機会を増やす。テレビ、映画、ネットなどを通して英語をよく聴く。このような態度を維持し、常に努力すれば、英語が次第に身に付いてきます。

「読む」「増やす」「聴く」など、ダ体になっている文は、話し手の意見を具体的に羅列したもので、次の文の「このような態度」に受け継がれています。この文は「身に付いてきます」と、デス・マス体に戻っています。書き手が読者を意識して自分の考え方を提示する時は、デス・マス体が使われることになります。

特に書きことばの場合、読者を直接語りかける相手として意識するかしないかによって、使うスタイルに違いが出てきます。あまり相手を意識しないで自分の内面を語るような場合は、スタイルの選択は基本的には書き手の自由であり、ダ体になることが多いようです。

ポイント

〈感情はスタイルを選ぶ〉 私たちが選ぶスタイルは、一見世間の常識や慣習に基づいているようでも、実際には個人の感情によって選ばれています。感情を直接伝える語彙を使わなくても、私たちは親疎関係のバロメーターとも言えるスタイルをシフトしながら、相手とやり取りをしています。そして揺れ動く微妙な感情の流れの中で、新しい人間関係を創り出していきます。

Q 上司である年上のさおりと恋に落ちた正夫のことばのスタイルを想像してください。二人がつきあい始め一夜を過ごした翌朝、正夫がさおりに朝の挨拶をするとします。さおりは次のどちらを期待すると思いますか。その理由も説明してください。

（1） おはようございます。コーヒーとか飲みますか。

（2） おはよう。コーヒーとか飲む？

♣答え （2）

◆説明

ここで「おはようございます」と言われたら、ショックです。二人の関係がもとのままで、上司と部下であることを意味するからです。

二人がつきあう前は、当然男性はデス・マス体を使います。「おはようございます」という挨拶が妥当だったはずです。しかし、一夜明けて「おはよう。コーヒーとか飲む？」というようなタメ口になっていれば、「あ、これで恋人同士になった」と実感することができます。

ことばには不思議な力があります。こうした口調で話すことが新しい関係の証となり、さらに関係を築くという側面があります。スタイルは、周りの状況に反応して選ばれるだけでなく、話し手や書き手がどういう関係になりたいか、という願望によっても選ばれるからです。

11 借り物スタイル

——他人の声をちゃっかり拝借

私たちは、女性らしいことばのスタイル、また、若者らしいことばのスタイルなど、いくつかのスタイルを知っていています。これらはみな、そのグループに典型的に見られるパターンで、ステレオタイプとなった表現です。時に私たちは、わざわざ自分とは違った他の人のスタイルを借りてきて感情を表現することがあります。

◉オジサンことばを借りる

女性があえてオジサン風のことばを借りている例を見ましょう。

〈43〉三〇代の女性のコメント

旅行ねえ。観光地だけじゃなくて、現地の人がよく行くようなところに行きたい。やっぱり旅行の醍醐味は、観光旅行だけじゃなくて、その地域で生活している人たちと出会うことにあるんじゃないかな。もちろん観光地にも行きたいし。まあ、要するに、できるだけいろんなところに行きたい、ということですなあ。

「ということですなあ」は、オジサンことばの代表的な表現です。オジサンことばとは、「ですなあ」や「ますなあ」表現に代表され、主に男性が中年に達した時に使い始めるスタイルです。

オジサンことばの使用は男性が中心ですが、二〇代や三〇代ではほとんど見られず、四〇代で使い始め、六〇代で約二〇パーセントの男性が使うと言われています。

女性は通常オジサンことばを使うことはありません。しかし、〈43〉のように、あえて中年男性の声を借りてきて、ある効果を狙うことはできます。豊かな経験に基づいていて、どちらかというと客観的で距離を置いた、ご意見番的なコメントを提供するオジサンのイメージを利用するわけです。話し手は全体をまとめながら、ちょっと客観的な立場に自分を置くことができます。そしてそう装うことで相手を説得しようとするのです。

◉女性ことばを借りる

ここでは、男性が女性のことばを借りてくる会話を考えてみます。

〈44〉男友達の会話

悠太　彼女が、指輪買ってくれ、って言うんだ。
康夫　へーえ。じゃ、買う?
悠太　金ねえよ。
康夫　じゃ、フェイクでいいじゃん。
悠太　そうかな。
康夫　そうだよ。
悠太　変にがんばって、これお給料の何か月分かしら、なスゲー指輪買っても、後で金に困るけどね。
康夫　そうだろ。

「これお給料の何か月分かしら」は、悠太の彼女が言ったことを「〜と言った」として直接引用しているのではありません。彼女が言うと思われる（本当にそう言うかどうかは別として）表現として、悠太が創造したセリフです。

これは確かに、女性が言いそうな表現です。一般的に女性は指輪の値段に執着しやすいことをうまく捉えています。「お給料」や「かしら」という表現を使うかもしれない人であることから、ちょっときどった女性がイメージされます。

この表現の仕方で、悠太の彼女がどんな感じの人か、もっと正確には、悠太が彼女のことをどう見ているか、康夫に対してどう伝えたいかという気持ちが明らかになります。

他の部分が男性口調なので、そのコントラストが効果的です。特に「これお給料の何か月分かしら、なスゲー指輪」という組み合わせは、スタイルの落差を利用したユーモアを感じさせます。

◉キャラクターことばを創る

次の例はマンガの中のセリフです。かわいい女の子チカが、お母さんに頼まれて、近くのお寺の和尚さんに柿を届ける場面です。

〈45〉マンガの登場人物の会話
チカ　和尚さん、こんにちは。
和尚　おや、チカちゃんかい。
チカ　家の畑でとれた柿です。母が和尚さんに届けるようにって。
和尚　おお、ありがたい。わしゃ、柿が大好きでな、毎年たのしみなんじゃ。

「おや」「かい」「わしゃ」「なんじゃ」などはいかにも年配の和尚さんらしい表現です。ただ、昨今の寺の住職は普通のことばで話すことが多く「たのしみなんじゃ」などという表現はほとんど使いません。そうであっても、日本人の頭の中にある和尚さんらしいことばを利用することで、和尚さんの役割がより鮮明に示されています。
あるキャラクターのイメージ作りに利用するスタイルは、生き生きと描写するための有効な表現方法です。そのキャラクターが醸し出す雰囲気が、話し手の心持ちを表現する助けになるからです。

人間のくせしてさ~、
「やだニャー」とか
言うんだから
かわいいジャン

ポイント

他人のスタイルを借りることで、その人が持っているイメージを利用し、自分の表現では伝えられない感情を表現することができます。スタイルの選択には、社会的な価値観がつきまといますが、それを逆に利用して話し手の個性を表現することもできるのです。

12 『帰ってきたぜ』なイメージ」

――セリフを利用した演出

◉話の中にセリフを挟み込む

ことばの中にいろいろなかたちでセリフを挟み込む話し方をよく見かけます。話し手が舞台に立って自分自身を演じているような印象を与えます。

〈46〉男友達の会話

悠太　でさ、久しぶりにいなかに帰ったわけ。

康夫　なんで?

悠太　なんでって。ちょっとホームシックかな。

康夫　うん。
悠太　小さな町なんだけど、新宿から三時間半の。
康夫　ふーん。
悠太　で、駅前のカフェに入ったんだ。
康夫　うん。
悠太　「よっ、二年ぶりに帰ってきたぜ」なイメージで。
康夫　ああ。
悠太　そしたらメニュー、ぜんぜん違っててさ。バイトの子もつけまつげしてやんの。
康夫　そりゃ、二年もたてば、いなかだって変わるんじゃねえ。

「『よっ、二年ぶりに帰ってきたぜ』なイメージ」では、二重カッコのセリフ部分が「な」を介して「イメージ」にかかっています。悠太は心の中にあるイメージがどんなものかを説明する代わりに、あたかもその場で言ったかのようなセリフを潜り込ませます。このスタイルを使えば、話し手の気持ちをドラマの一シーンのように提示することができます。

会話は、ことばの意味だけで成り立っているのではありません。ことば以外が伝える情報も重要な鍵を握ります。たとえば「よっ、二年ぶりに帰ってきたぜ」からは、話す声が聞こえてきます。そんな口調で話す男性が醸し出す気風も演出されています。話し方自体に悠太の感情が込められ、独特の雰囲気が滲み出るのです。

◉セリフが感情を伝える

〈47〉受験生のコメント
大学の掲示板に、人々が群がっている。
その人たちに混じって、自分の受験番号をさがした。
613！
確かにある。マジ、合格したのだ。
いつもは冷静な自分なのに。
さすがその瞬間は「やったぁ！」感でいっぱいになった。

ここでは感嘆文「やったぁ！」が「感」と合体して、一語を形成しています。この表現方法をとることで、書き手の感動が、あたかもその現場で使われた臨場感あふれる感嘆表現として、文の描写の中に融合されます。

「やったぁ！」という表現を通して、私たちは〈47〉を書いた人の感情を、合格発表の現場にいるように感じ取ることができます。「さすがその瞬間はうれしさや達成感でいっぱいになった」では、伝わらない感動が演出されています。

◉セリフ＋「〜系」

セリフに「系」を付けて文の中に挟み、書き手がそのセリフが表現している気持ちと似かよった気持ちであることを伝える表現方法もあります。


〈48〉

裕也は金持ちの女のいいなりになって、同居しはじめた。

女が仕事で家を留守にすると、暇をもてあました。

さすがに、一か月もすると、こんなことしてていいのかよ？系の疑問があふれ出ることがあった。

裕也はやっぱり自分で仕事しなきゃだめだ、と思う反面、生きていくだけならヒモも悪くはないなと思うのだった。

「こんなことしてていいのかよ?」という疑問表現から、それが裕也の心の中にある「疑問」であることが伝わります。「系」を付けることで、このような発言をする一般的な人物や状況を呼び起こします。そして、明言せずに、こんな感じの疑問だとして、裕也らしいことばで表現しています。

このようにセリフが混入した表現は、そのセリフがもたらすドラマ性や臨場感を加味しながら、話し手の内面を明らかにします。また、「系」の意味が加わることで、ストレートではない少しぼかした表現効果が生まれます。

◉セリフ効果

私たちはこのように文の中にセリフが含まれた表現を使いますが、それはセリフでなければ伝わらない感情を込めることができるからです。

セリフを挟むことで、単なる説明以上に、生き生きとした効果が期待できます。セリフの中に話し手の表現性や創造性を生かすことができるからです。単なる説明に終わるのではなく、そこに話し手の気持ちを込めた演出効果が生まれるのです。

近年、セリフを文の中に入れる傾向が著しくなってきています。文章の会話化とでも言える現象です。一般的に文章のカジュアル化が進んでいると言われますが、セリフを使う話し方はその代表的な表現方法と言えます。

◉セリフスタイルの根っこにあるもの

セリフが文の中に挟まれる現象は、既に触れた、文の終わりの「〜みたいな」表現や他人のスタイルを借りる表現とどのような共通点があるか考えてみましょう。

これらのすべての表現には、話の中に複数の声が入っていることに注目してください。他人の声を借りたり、セリフを組み込むなどして複雑な文を作っています。それにしても、私たちはどうしてこういう表現を使うのでしょうか。

それは、ことばと人間が切っても切れない密接な関係にあるからです。その根本には、言語のスタイルはその人の人柄や人格を示すもの、と考える現実があります。話し方で、その人の

まず、
お控えなすって系
でいこうぜ
命が惜しけりゃ
魚だしな風
ってのは？

年齢、性別、性格、教養程度など、情報以上のものを伝えることになるからです。そして、スタイルの使い方で、感情的だとか、冷たいとか、信頼できるとか、変なヤツだとか、いろいろな判断がなされるからです。

私たちは、通常自分の立場をわきまえています。そうすると、自分らしいスタイル以外は使いにくいという制限があります。その壁を越えることが出来るのが、自分とは違ったキャラを利用したりセリフを話の中に挟む方法です。他の人が言ったことでも、自分が言ったことでも、そのまま再現する（または、装う）ことができます。

他人のスタイルを借りる場合は、その場その場にふさわしいキャラを自由に選ぶことができる、という利点もあります。通常使えない表現を駆使して創造的な表現にしたり、いつもと違ったかたちで相手にアピールしたりすることができるのです。

また、スタイルシフトをしたくても、目下から目上に向けてはなかなかできないという現実も影響しています。親しさを自由に操作する権利は、基本的には目下の者ではなく目上の者に与えられているからです。このため目下の者は、それだけレパートリーが限定されているので、スタイルシフトをうまく使うことで、いろいろな気持ちをそのキャラやセリフに託すことができます。この便利さから、ますますスタイルシフトを利用する人が増えているとも言えます。

◉スタイルは人間性を映し出す

スタイルの選択は、話し手や書き手の人柄や気風を伝えます。そのため、ことばによって人を見たり、もっと深くはその人の人間性までをも判断することになります。この点に関して、余談になりますが、二点だけ付け加えておきます。

その一つは、日本のメディアで使われるある表現についてです。外国人の話の日本語訳が字幕として出てくる時、「ね」や「よ」付きのカジュアルなスタイルになることが多いようです。これは、話し手を軽々しくみたり、権威者として扱わないという一種の偏見にもつながりかねません。外国人の年恰好などをヒントに、必要以上に親しげな表現に訳されていることが多いように思います。

日本人なら、「がんばります」という場面でも、「がんばるよ」というような表現に訳されて字幕に出てきます。特にスポーツ選手などの場合この傾向が強いのですが、必要以上に親しげで軽々しく扱われ、そのような人柄と見られるのは迷惑極まりないことでしょう。スタイルの選択は、それがその人のイメージを左右するので、配慮が必要だと思います。

もう一つは、外国語を習っている時、文法の誤りはかわいげがあるとしても、スタイルの誤りは反感を呼びやすいという事実です。皮肉なことに、文法的に正しければ正しいほど、その人の人柄が疑われます。あの人は、でしゃばりだとか、不必要になれなれしいとか、つっけんどんだとか、よそよそしいとか、口だけで信頼できないとか、話し振りでいろいろ言われるのが世間というものなのです。

よく考えてみれば、おかしなことです。でも、言語と人間の心はどうしても切り離すことができず、それを知っていればこそ、そのような結論を導き出しながら人を見る習慣が広まっているのです。

ポイント

セリフを利用するスタイルに関して大切なのは、どのようなセリフを選ぶにしてもそれなりの人間性がまとわりつくということを承知しておくことです。他の方法では実現できない生き生きとした気持ちを伝えるセリフの演出は、私達の表現の可能性を拡げてくれる重要な言語手段なのです。

13

「雄大で荘厳な富士」

――驚きと感動のつぶやき

◉感動の対象を切り出す

私たちは、何かに感動すると、その感動の対象だけを切り出して口にすることがあります。

〈49〉

冬の朝。
ホテルの部屋の窓から外を見た。
目の前にはくっきりと富士が見えた。
冬空に映える富士。

雄大で荘厳な富士。
そっと手を合わせたくなった。

傍線の付いた部分が、感動を表す語句になっています。
最初の「冬の朝」は、時を設定しますが、「冬の朝です」「冬の朝が明けました」などとは言わずに、感動した対象だけを語句にして示しています。「冬空に映える富士」と「雄大で荘厳な富士」で、富士について感動的な説明を加えますが、「〜富士です」とは言わず「富士」で言い切ります。ただ語句を投げ出しただけですが、それが感動や感嘆の対象として提示されています。

◉レトリックで感動を伝える

〈49〉のようなレトリックが使われるのは、感情ことばを直接使うのではうまく伝わらないという背景があるからです。感情は「悲しい」とか「うれしい」という感情の語彙で表現することもできます。しかし、それでは、深い気持ちは表現できません。感情をそのままことばにしないことで、逆に、より鮮明に表現することができるのです。

〈49〉の語句は、感動の対象を投げ出したものです。富士の姿を「冬空に映える富士」と「雄大で荘厳な富士」として投げ出すことで、読者の注意を引き、感動を誘います。そうすることで何とも言えない受け手との心の触れ合いを感じることが可能になるのです。

◉沈黙も感動を表現する

日常的には、話し手と聞き手とが何か同じものを見つめることで、感動を呼び起こすことがあります。そんな時、私たちは感動をことばにすることなく沈黙を好みます。ズラズラと説明するのは、あまり役に立ちません。たとえば、嫁いだ娘が実家を訪れた夜、母と会話をする次の状況が考えられます。

〈50〉親子の会話

母　三日月がきれいよ、今夜は。
娘　えっ？
母　今夜の月は特別。
娘　そう？

母　ほら。
娘　あ、ほんとだ。
（二人ともしばし沈黙したまま、三日月を見つめる。）

三日月は、いつもの三日月ではなく、母が娘を誘う特別に美しい三日月です。その景色は独特の情感に染められています。そしてその場で見つめる二人の間に何とも言えない共感が押し寄せます。いろいろ言いたくても言えない母と娘の心が三日月を媒介に触れ合い、二人はことばにできない感慨に浸ります。このような経験は、それほど非日常的なものではないと思いますが、いかがでしょうか。

◉ダ抜き文で感動を表現する

同じような感動を表現する方法として、次の〈51〉の最後に出てくるダ抜き文があります。

〈51〉
この町は、どこに行ってもゴミの山だ。

開発途上国ではあっても、ケータイやインターネットが普及した都市だ。
しかし、あらゆる場所にペットボトルやレジ袋を中心としたゴミが散らばっている。
私たちは挑戦する。
美しい地球を守るために、世界の隅々まで、エコの精神を広げることを。
地道な活動を通して、美しい地球の再生をめざすことを。
これからも努力し続けることを。
それが、私たちの夢。
それが、私たちの希望。

「それが、私たちの夢だ」「それが、私たちの希望だ」とは言わずに、「だ」を省略したまま終わります。このようなダ抜き文は、感動表現として使われます。

ダ抜き文は感動の対象をそのまま語句として切り出すレトリックと似ていますが、語句だけでなく、文全体をまとめて投げ出すところが異なります。ダ抜き文には、「それがどうした」という述語にあたる部分が隠されているわけですが、そこをあえて具体的に表現しない、つまり、すべてを言わずにおくことで、伝える側の感動が表現できるのです。

ポイント

皆さんは、誰かと美しい景色を見つめたロマンチックな思い出はありませんか。そんな時、心密かに、「この景色は一生忘れないだろうな」などと思ったりしませんか。

恋人たちがことば少なく夕日や月や星などを見つめるシーンは、ドラマでもおなじみです。私たちは大切な人と何か感動するものを眺めたくなるものらしいです。

日常生活でも一輪の花に恋心を託したり、月の光に悲しみを託したり、雲間から射す陽の光に希望を託したりすることがあります。俳句、短歌、詩、といったものでなくても、手紙やメール、歌の歌詞などにもよく使われます。

このような感情の伝え方は、どんな心理に基づいているのでしょうか。

感動の語句の切り出しやダ抜き文は、あたかも何かを指で指し示すのと同じように、ある対象物を共同に注視する的として提示します。大切なのは、ただ単に当事者が同じものを注視するだけではなく、同じものを見つめているということをお互いが承知していることです。同じ見えの共有を意識することで、一緒に同じ世界を共有するのです。そこから、ことばにならない（というより、ことばにしない）感動が生まれます。

清らかな川！
うるわしき山！

感動的な合言葉だねえ…

14 「好きだから好き」——トートロジーの情熱

◉トートロジーとは

私たちはときどき、「誰が何と言おうと、勝ちは勝ちだ」というような表現を使います。このような「AはAだ」という表現は、トートロジー（同語反復）と呼ばれます。字面のまま解釈するとあまりにあたりまえなのですが、なぜそんなことを言う必要があるのでしょうか。「AはAだ」という表現に直面すると、わざわざ「AはAだ」と言うからには、最初のAと後に出てくるAが、一見同じでも、異なった意味を持っているのではないか、と想定します。そこにことばの綾としてのトートロジーが生きてきます。

トートロジーの例には、これ以外にも、「負けたのなら負けたのだ」「好きだから好き」「いいものはいい」などがあります。これらの用法は全く同じわけではありませんが、すでに与えられた意味を繰り返し主張するという意味で、トートロジーです。

〈52〉親子の会話

父　なんであんなヤツなんだ。
娘　……。
父　よりによってフリーターとはな。
娘　……。
父　全く、そんじょそこらの軽い兄ちゃんじゃないか。
娘　好きだから好き。ただそれだけ。
父　お父さんは許さんぞ。
娘　でも私はあきらめないから。

若気の至りというか、まあ、よくあるシーンです。こうなるとなかなか止められません。娘は「好きだから好き」という手短な表現で彼への情熱をまとめてしまいます。そして「ただそれだけ」と言い捨てます。このようにトートロジーは、理屈が通らない感情の世界を作り出します。

◉「子どもは子ども」の解釈

では、トートロジーは具体的にどう解釈されるのでしょうか。「AはAだ」の二つのAは、どういう関係にあるのでしょうか。

「子どもは子どもだ」という表現を考えてみます。

〈53〉知人の会話

圭子　うちのタケシ、一年生になっても遊んでばかりで。

雅美　あら、うちもそうですよ。

圭子　でも、おたくのヒロ君、優等生でしょ。

雅美　とんでもない。塾に行っても、いたずらばかりしてるらしくて。

圭子　そうなんですか。

雅美　いいんじゃないですか?

圭子　でもねえ。
雅美　今は遊び中心でいいんですよ。子どもは子どもだから。

「子どもは子どもだ」の最初の「子ども」は、話題になっている「タケシ」や「ヒロ」を指しています。それに対して、後に出てくる「子ども」は、一般的な子どもを指します。子どもには、無邪気、かわいい、わがまま、いたずらをする、元気がいい、などの一般的に知られた特性があります。このような幾つかある属性の中から、その場の状況によって、どれかの属性がクローズアップされることになります。

たとえば、〈53〉では、無邪気でかわいい、遊んでばかりいる、という属性がクローズアップされ、そういう性格を備えた「子ども」と解釈されます。

もちろん、時と場合によっては、いたずらで困る、言うことをきかない、駄々っ子などの意味にも解釈されます。

◉トートロジーで言い張る

トートロジーには、他の可能性を否定する力があります。

〈54〉男友達の会話

悠太　あいつ、反則しただろ。
康夫　まあな。
悠太　きたねえよな。
康夫　でも、勝ちは勝ち。オレの負け。
悠太　そうだけどさ。
康夫　負けは負けさ。人生って、そんなもんだよ。

話の進み具合から、自分が主張したいことを否定されそうな状況下で、トートロジーの意味が生きてきます。康夫は、あくまで自分の考え方を曲げません。トートロジーはそんな話の場で、大いに効力を発揮します。

〈55〉

人間はいつも希望を持って生きるべきだ、ということを軽い気持ちで言う人がいる。しかし、だめなものはだめ、できないことはできない。努力もむくわれない時はむくわれない、善意も伝わらない時は伝わらない。いや、むしろそのほうが多いのが人間の世界である。世の中そんなに甘くはない、というのが私の本音である。

一般的に希望を持てと言われがちなコンテキストで、だめなものはだめ、やっぱりできないことはできない、云々、という内容を強調しています。このようにトートロジーは、そうではないと解釈される可能性のある状況で使われることが多く、どんな状況でもそれ以外の何ものでもないと言い張る表現です。トートロジーは、他の可能性を拒否し、相手をも拒否しかねない表現なのです。

◉トートロジーで話を打ち切る

会話の中では、トートロジーは相手からの質問を拒否する機能があります。有無を言わせない感じです。そのため、進行中の話題をそこでストップさせる力を備えています。

〈56〉同僚の会話
田口　入院?

丸山　そう。
田口　よくなってるって聞いたけど。
丸山　まあ、いろいろあって。
田口　いろいろって？
丸山　うん、まあ。
田口　だから、いろいろって？
丸山　いろいろはいろいろ。
田口　うん、そう。

ここで田口は、もっと細かい内容を聞きたがっています。しかし丸山は、それをトートロジー表現で拒否します。「いろいろはいろいろ」という表現は、答えになっていません。答えにならない答えを口にするのは、話をそこで終わらせたいからに他なりません。田口は、丸山が話を打ち切りたがっている気持ちを察知します。それが、最後の「うん、そう」に現れています。

いくら偉そうにしても、猫は猫なんだからな
バカはバカだぜ

ポイント

〈相手に有無を言わせない迫力〉 トートロジーは、自明の理を利用した感情表現として利用されます。相手に有無を言わせない迫力があるため、どうしても言い張りたいという強い情熱を支える便利な表現方法です。

トートロジーを使うと、通常の描写文より強い断定の表現となります。また、相手の勘違いや誤解を指摘し、反省を促す機能があります。私たちが日常口にする「仕事は仕事だ」「約束は約束だ」「決まりは決まりだ」は、相手の行動を正す時に使われることが多いことを思い出してください。

Q 「風は風だ」という表現は、どんな時に使われるか、説明してください。

◆説明

通常トートロジーに使われないようなものでも、トートロジー表現として使うことができないわけではありません。

「風は風だ」という表現は、たとえば次のような状況で使うことができます。友達と凧揚げに行きました。うまくいかない友達が風向きが悪いことをグチるのを耳にしたあなたは、「風は風だ」からしょうがない、となぐさめます。

ここでは、風について、友達がある常識的な知識を持っていると想定しています。話し手は、風についてのイメージ（風は自然の力で不可抗力）を相手も理解しているだろうと想定して使います。

この他にも、風についてのイメージがあるものと思いますが、どのような意味合いになるかについては、その具体的な話の場をヒントに解釈することになります。結局聞き手の解釈はあくまで推論に過ぎませんが、それが可能である限り、どんな名詞でもトートロジーとして利用することができます。

15 あいづち

——何度も打って安心したい心

◉あいづちを打つ

私たちは、ふだんあまり意識していませんが、話をする時にあいづちを打ちます。「うん」とか「ふーん」とかひっきりなしに、話に合いの手を入れています。あいづちには、「うん」「ふーん」などの短い表現の他にも、頭の動き（はっきりした縦ふりと横ふり）や笑いが含まれます。今、皆さんが誰かと会話しているところをビデオに撮ったとします。それを見ると、頻繁にあいづちを打っていることに驚くことでしょう。

また、テレビのインタビューやバラエティ番組などでも、注意して観察すると、何度もあいづちを打っていることがわかります。もちろんテレビ番組では話し手にズームインしますから、聞き手が画面に出てくることはあまりないのですが、それでも、あいづちは簡単に観察することができます。

ドラマでも話し手と相手が両方スクリーンに出てくる場面を、注意して観察してみてください。お互いに何度もあいづちを打っていることがわかります。

あいづちは、聞き手が話し手に送る反応の一つです。あいづちを打つことで、ちゃんと話を聞いていますということや、あなたの意見に賛成ですというメッセージを伝え、話し手を安心させて、コミュニケーションを円滑にする役割があります。

◉会話の必須アイテム

親しい人間同士の日常会話は、お互いの息の合った協力の上に成り立つものです。ちょっとしたおしゃべりは、対話というより共話という感じです。そんな共話を盛り上げているのがあいづちです。

あいづち自体には意味がないと思いがちですが、実際には全くあいづちを打たない相手とは、うまく会話を進めにくいものです。もちろん、よくあいづちを打つ人とあまり使わない人がいますし、会話の場や内容によっても頻度は異なります。しかし、一般的にあいづちが少なすぎると、相手と心が通い合わないような気持ちに襲われます。あいづちを送ってもらわないと、安心できないのです。

特に、文の終わりの「だろ」「でしょ」「ね」「よ」や、文の中に挟む「さ」「ね」を使って相手に確認しているのに、相手から何のあいづちも返ってこない時は、相手がこちらの言ったことに対して何かひっかかりを感じていると推測できます。

皆さんは、あいづちを全く送ってこない相手と話を続けることができますか。逆に、一度意図的に、まったくあいづちを打たないで会話をしてみてください。きっと、相手は（口に出さなくても）内心「こりゃいつもと違う、変だな」と思うことでしょう。そしてしばらくすると「聞いてる？」などと、問い詰められることになるかもしれません。

◉あいづちの日米比較

私は、日本人の日常会話とアメリカ人の日常会話であいづちがどのように使われるか、調べたことがあります。

あいづちは日本語に特有の現象ではないのですが、その頻度に特徴があります。日本語の日常会話では、アメリカ英語と比較した場合、約二倍の頻度になります。日米ともに二〇組の会話で、それぞれの会話から三分間分、合計六〇分の会話を調べた結果、あいづちの回数は、日本語で八七一回、英語で四二八回という結果になりました。日本語の会話では、あいづちは四・一三秒に一回と、かなり頻繁に送られているのです。

余談ですが、私は英語で話していても、相手が話している間、頻繁に「うん」「ふん」的な短い表現を繰り返したり、うなずいたりする癖が抜けません。気心の知れた友人からは「うるさい！」と言われることがあるのですが、こちらの好意を伝えたくてあいづちを打ってしまうのです。アメリカ英語でもあいづちは使われますが、どちらかというと、静かに黙って聞くことが好まれます。頻繁にあいづちを打たれると話し手もせかされているような気になるのでしょう。親身に聴いてあげるには、相手の目をみてゆっくり静かに聞いてあげる必要があるのです。

◉あいづちはどこで打つか

あいづちの働きを理解するために、それがどこで打たれるかを調べてみました。

あいづちは、約八〇パーセントが話の区切れ付近で使われますが、使われる条件には次のような特徴がありました。

まず、「ね」や「よ」、また文の中に挟み込む「さ」などが使われた時、それに応えるようにあいづちを打つケースが約四〇パーセントあることがわかりました。そして、約八パーセントのあいづちが、文の終わりで「じゃない」や「でしょう」が出てくるところで使われていました。

つまり、あいづちの半数近くは、話し手が聞き手にアピールすることばを使って働きかけた時、聞き手がそれに応えて打つのです。一方、聞き手は、この辺で話し手があいづちを求めているな、と予測している面もあり、アピールする表現とほぼ同時にあいづちを送ることが多く見られます。

次に、話し手が自分の話の終わりでうなずき、それに応えて聞き手があいづちを打つケースは、全体の三八パーセントとなりました。あいづちのうちの三度に一度は、話し手の頭の動きに聞き手が応えるというかたちで送られているのです。

ポイント

〈あいづち恐るべし〉 あいづちは、話し手が「ね」「よ」「じゃない」などの表現を使うことで相手からの反応を求め、それに応えるために聞き手から送られていることがわかり

それでさぁ
うん、うん、どうしたのぉ？

ます。あいづちは話し手の心情に敏感に反応し、話し手を支えます。

あいづちが頻繁に使われる理由は、当事者が心理的、感情的にお互いに相手を認めたり、緊密な関係にあることを確認、承認、強調、促進するためです。

それは、話を続けてもいいよというシグナルであったり、内容を理解したことを伝えていたりします。また話し手の判断を支持したり、話し手の意見や考え方に賛成の意志表示をしたり、同感であることを伝えて感情的に話し手を支えたりします。あいづちは会話を円滑なものにし、常に相手を意識した心配りとして機能しているのです。

私たちが何気なく交わしている日常会話は、話し手と聞き手との緊密な相互調整のもとに、共作されています。何度も繰り返す短い表現や頭の動きには、両者がお互いの存在を支え合い、変化しつづける感情を調節し合いながら、心の触れ合いを体験するという感情的な動機が隠されています。

16 うなずきダンス
——分かち合うパフォーマンス

うなずきは、特に日本語の日常会話で一番目立つ動作です。うなずきは、あいづちとして聞き手によって使われるだけでなく、話し手も頻繁に使います。話し手が話をしながら頭を上下に軽く動かす動作も、うなずきの一種です。

もちろん、うなずきは個人の好みや癖に左右されることがあります。しかし、実際に日常会話を観察してみると、多くの人に共通して頻繁に使われていることがわかります。しかも、うなずきが使われる個所が一定していることから、それが単なる偶然でなく、何らかの役割を果たしていることがうかがえます。

◉うなずき効果

うなずきは、ある一定の働きをする表現に伴って使われることが多く、言語表現を副次的に支えます。

うなずきはそれが使われる状況によっていろいろな効果をもたらします。聞き手がうなずく場合は、あいづちとしての役割が中心となります。

一方、話し手は、話の終わりや文の終わりを知らせたり、会話の間を埋めたりするために使います。さらに、強調表現に伴って強調の度合いを強める効果があります。疑問文に答える状況で使えば、「はい」を意味します。

◉うなずきダンス

会話に使われるうなずきで、特に興味深いのは、一定のリズムで何度もうなずきを繰り返す場合です。しかも、話し手が何度もうなずくのと同じリズムで聞き手もうなずくことがあります。お互いに会話進行の拍子をとって波長を合わせようとしています。それはあたかも二人が手をとりあって、リズムに乗ってうなずきダンスというパフォーマンスをしているような感じです。

テレビドラマで二人が会話をしているシーンに遭遇したら、よく注意してください。たとえば次の例に似たような現象が見られます。

〈57〉女友達の会話
沙希　それでね。(ね、でうなずく)
知恵　うん。(うん、でうなずく)
沙希　結局会えなかったんだ。(んだ、でうなずく)
知恵　へーえ、そうなんだ。(へーえ、そう、なんだ、で計三度うなずき、その後も、続けて二度うなずく)
沙希　うん。(知恵が二度うなずくのと一緒に、うん、でうなずき、続いてもう一度うなずく。知恵と二度同時にうなずき合う。)

この会話では、最後に沙希と知恵が同時に二度うなずいています。いっしょに頭を動かすことでリズムを取り合い、二人が同じ気持ちでいることが強調されます。

会話はこのような身体的な記号に満ちていて、参加者はそれに伴う意味を共感しながら互いに理解し合います。

もちろん共感しないこともあり、うなずいていても本心を隠していることもあります。また、うなずけなくて目をそらして頭を動かすこともあります。うなずきの意味は一筋縄ではいかないことも確かです。

そうであっても、気心の知れた友達が日常会話をする時のうなずきは、お互いの気持ちを通わせるためのビジュアル記号なのです。

◉うなずきの日米比較

日本語の会話とアメリカ英語の会話に使われるうなずきを比較すると、おもしろいことがわかります。私が分析した日米の日常会話（日米ともに二〇組、各三分間、合計六〇分）では、日本語では、一、三五四回、英語では四〇八回、うなずいていました。日本語の会話では、米会話の三・三倍という頻度でうなずいていることがわかります。

日米ともに、一番頻繁に送られていたのは、聞き手があいづちとして使ううなずきでした。ただ、日本語の場合は話し手が話の終わりや文の終わりでうなずくケースが多く、それはうな

もうっ！聞いてるの!?

聞いてるよ〜
うなずけるわけないだろ…

ずきの約三四パーセントを占めました。英語では、話し手がうなずくことはあまりなく、それはたった九パーセントでした。日本語では、話し手が会話の流れをコンマやピリオドで切るように、うなずいていることがわかります。

全体的に、日米会話の頭の動きは、動作自体は非常に似ているのですが、その頻度差を考慮すると、異なった目的に使われていることがわかります。話し手が送るうなずきは、日本語では聞き手といっしょにリズムをとってダンスをするようなものもありますが、米会話では強調のために使われるものが多く見られました。

◉うなずきの文化

日本語の会話ではあいづちやうなずきが頻繁に使われますが、それは、自分と相手の相互関係の密接さを重視しているからです。会話の当事者が以心伝心の関係にあることを、そういう気持ちを直接はっきりとしたことばで表現しない方法で伝え合っているからです。

実際、相手がその場にいなくても日本人は頻繁にうなずく癖があります。ケータイで話していても、うなずく人が多いはずです。また、講演などを聴きに来る人たちも、頻繁にうなずいています。そういう習慣のない文化から見ると、奇妙と言えば奇妙な現象ですが、体に染み付いた癖で、別に首の運動をしているわけではなくても自然に頭が動いてしまうのです。

ポイント

日本語のコミュニケーションには、いつも何らかの合いの手を入れたり、うなずいて相手の気持ちをサポートする話のスタイルが定着しています。このようなスタイルは、相手と自分の気持ちを重視するコミュニケーションに似合っています。

おわりに
——気持ちを伝えることばとしくみ

私たちは、本書で、日本語のことばとしくみに潜む日本人の気持ちを明らかにし、日本語のコミュニケーションに、いろいろな感情が滲み出ていることを見てきました。

ここで、誤解を招かないように、断っておきたいことがあります。感情表現はどの言語にもあり、日本語以外のコミュニケーションにも、様々な感情が満ちているということです。たとえばアメリカ英語では、黙ったまま相手の話を聞くことが、相手へのあたたかいサポートになります。いわゆる英語の強弱のアクセントは、話し手の感情と密接な関係にあります。もちろん英語にも、トートロジーなどのレトリックの綾があることは言うに及ばないでしょう。そしてアメリカのコミュニケーションでは、率直で気さくに、しかも公平に人に情を寄せることが大切です。そこにはあたたかい感情が流れています。

あたりまえのことですが、日本語だけが、感情を伝えるコミュニケーションをするわけではありません。

また本書の内容から、日本語がいつも相手を思いやる言語であるかのような印象を受けるかもしれません。しかし、もちろん日本語で争ったりけんかをしたりすることもありますし、中傷や誹謗、チクったりシカトしたりという陰険で険悪な言語行動など、コミュニケーション上の暴力もあります。ことばは人を苦しみから救うこともできますが、心に一生忘れられない傷を負わせることもあります。ことばが人を、人の心を殺すことさえあるのです。

ですから、日本語にいつも相手を思いやるやさしいスタイルばかりがあるわけではありません。

どの国の言語も、相反する感情を支え、矛盾した思いを表現しなければなりません。

そうであっても、私は日本に帰るたびに、そのコミュニケーションのやさしさに心を打たれます。日常のやりとりがぶっきらぼうでないところに、安心させられます。あいさつ、ちょっとした前置きや後置き、間を埋める表現、「ね」や「よ」などの文の終わりの表現、いろいろなスタイルの選択、頻繁に送られるあいづちやうなずき、あげればきりがありません。

これらが重なり合った表現の端々に人間味を感じます。そのやさしさは、たとえばアメリカ社会の気さくさ、フレンドリーな感じと対照的です。

日本語のコミュニケーションでは全般的に相手の心情を気にかけ、相手を意識したスタイルが多くあり、それらを使うように期待されているということは否定できません。

本書では、そのような日本語のあり方の中に、私たちの感情や心を探りました。気持ちを伝えるいろいろなことばやしくみのからくりを見てきました。読者のみなさんが、言語に隠された気持ちを理解することで、自分の、そして周囲の人たちの心を、より深く感じるお手伝いができたとしたら、嬉しい限りです。

[著者紹介]

泉子・K・メイナード（せんこ・K・めいなーど）

山梨県出身。東京外国語大学卒業後、1980年ノースウェスタン大学より言語学博士号を取得。その後、ハワイ大学、コネティカット・カレッジ、ハーバード大学、プリンストン大学で教鞭をとる。ニュージャージー州立ラトガース大学日本語学・言語学教授。日本語プログラム主任。主な和文著書に『会話分析』『情意の言語学』『談話表現ハンドブック』『マルチジャンル談話論』（いずれも、くろしお出版）、主な英文著書に *Principles of Japanese Discourse* (Cambridge University Press), *Expressive Japanese* (University of Hawai'i Press), *Linguistic Creativity in Japanese Discourse* (Benjamins) がある。

ていうか、やっぱり日本語《にほんご》だよね。

―― 会話《かいわ》に潜《ひそ》む日本人《にほんじん》の気持《きも》ち

NDC833/ix, 158p/19cm

初版第1刷――2009年9月20日

著者――泉子《せんこ》・K・メイナード
発行者――鈴木一行
発行所――株式会社**大修館書店**
〒101-8466 東京都千代田区神田錦町3-24
電話 03-3295-6231（販売部）/03-3294-2357（編集部）
振替 00190-7-40504
[出版情報] http://www.taishukan.co.jp

装幀――井之上聖子　イラスト――タカセマサヒロ
編集協力――錦栄書房
印刷所――壮光舎印刷
製本所――司製本

ISBN978-4-469-22207-4　Printed in Japan